中国科普创作大奖得主松鹰倾情奉献

★ 科学巨人的故事

KEXUE JUREN DE GUSHI FUTE

福　特

■ 松　鹰　著

希望出版社

图书在版编目（CIP）数据

福特 / 松鹰著. —太原：希望出版社，2016.1
（科学巨人的故事）
ISBN 978-7-5379-5859-2

Ⅰ. ①福… Ⅱ. ①松… Ⅲ. ①福特，H.（1863～1947）– 生平事
迹 – 青少年读物 Ⅳ. ①K837.125.38–49

中国版本图书馆 CIP 数据核字（2015）第 318147 号

科学巨人的故事
福　特
松　鹰　著

责任编辑	谢琛香
美术编辑	白　翎
复　　审	武志娟
终　　审	杨建云
装帧设计	柏学玲　贾支荣
责任印制	刘一新　尹时春

出　　版：希望出版社	地　　址：山西省太原市建设南路 21 号
开　　本：787×1092　1/16	印　　刷：山西人民印刷有限责任公司
印　　张：10　200 千字	版　　次：2016 年 1 月第 1 版
印　　数：1–3000 册	印　　次：2016 年 1 月第 1 次印刷
标准书号：ISBN 978-7-5379-5859-2	
定　　价：25.00 元	

编辑热线　0351-4922240
发行热线　0351-4123120　4156603
印刷热线　0358-7641044

FU TE

　　福特是美国著名的汽车工程师和发明家,被誉为"汽车大王"。他从一个喜欢机械的农家少年,通过刻苦奋斗,创立了汽车王国。他是世界上第一位使用流水线生产汽车的企业家。他生产的T型汽车实现了"人人都买得起汽车"的梦想,创造了一个时代的奇迹。正是福特使汽车从奢侈品变成了大众化交通工具,"为世界装上了轮子",从而改变了美国乃至世界的交通历史。1999年《财富》杂志将福特评为"20世纪商业巨人"。

在漫长的生命旅途中，亨利·福特逐渐成了美国的象征。他采取大规模生产的方式把汽车带进了寻常人家，无可逆转地改变了公众生活。

——史蒂芬·沃森

当他来到人世时，这个世界还是马的时代。当他离开人世时，这个世界已经成了汽车的世界。

——1947 年 4 月《纽约时报》

在亨利·福特的时代，没有人像他那样如此大规模地改变了人们的生活。他留下的纪念就是如今美国的面貌，没有任何一个时代经历了如此的巨变，也不再有人像他一样影响了这么多人的生活。

——《底特律新闻报》

KEXUE JUREN DE GUSHI

FU TE

世界因他们而精彩

这套《科学巨人的故事》(第二辑)总共 10 本,撰写了 14 位科学巨人的传记故事。他们是居里夫人、诺贝尔、瓦特、斯蒂芬孙、富尔顿、福特、莱特兄弟、麦克斯韦、马可尼、莫尔斯、贝尔、贝尔德和爱迪生。

居里夫人,这位伟大女性发现的镭为癌症患者带来了福音,拯救了无数人的生命。她以自己的勤奋和天赋,在物理学、化学两个领域作出了杰出贡献,成为第一个获得两次诺贝尔奖的人。诺贝尔,这位瑞典化学家、诺贝尔奖的创立者,他一生钟情炸药,却厌恶战争,憧憬和平。他创立的诺贝尔奖,成为全世界科学精英们追求的梦想。

瓦特,这个英国工匠的儿子,他发明的蒸汽机带动了工业革命,使人类的生活和世界文明完全改观。"它(蒸汽机)武装了人类,使人虚弱无力的双手变得力大无穷。"在瓦特蒸汽机的带动下,矿工出身的斯蒂芬孙发明了火车,开辟了全球铁路运输事业;自学成才的工程师富尔顿,造出了世界上第一艘蒸汽机轮船,为世界航海事业作出重大贡献。福特,这个农民出身的汽车大王,他的 T 型汽车创造了一个时代的奇迹,正是他"为世界装上了轮子",使汽车从奢侈品变成大众化的交通工具。莱特兄弟,这两个想征服蓝天的美国大男孩,历尽挫折,亲密合作,最终实现了人类飞行的梦想。

因为他们,人类可以乘着火车、汽车、轮船和飞机,在陆地上奔驰,在海洋里畅游,在天空中翱翔。人类的生活变得便捷了。

麦克斯韦,这位可与牛顿、爱因斯坦齐名的英国物理学大师,他创立的电磁理论,天才地预见了电磁波,为后来无线电的诞生和发展开辟了道路,被誉为"电波之父"。我们今天生活在电波世界中，电视、广播、无线电通信、导航、遥控、遥测、雷达等现代新技术，都受惠于他的贡献。意大利青年马可尼，后来居上，成功地实现了用电波传递信息，成为举世闻名的无线电发明家。

莫尔斯，这位美国画家 41 岁时因受科普演讲的鼓舞，半路改行研究电报，后来竟创造奇迹，获得成功。他的发明，揭开了人类通信史上崭新的一页。有意思的是，追寻着他的足迹，苏格兰青年贝尔发明了电话，使人类"顺风耳"的梦想成真；另一个苏格兰青年贝尔德，发明了电视，让"千里眼"也变成现实。和贝尔同岁的爱迪生，这位家喻户晓的发明大王，他的留声机、电灯、蓄电池、电影放映机等上千项发明，为我们留下了宝贵的财富，也正是他的发明，让光明常驻人间。

这 14 位科学巨人的成才道路和创业经历，坎坷曲折，多姿多彩。他们的高尚品格和精神风貌，能给人许多启迪。如贝尔发明的电话改变了世界，但他却从不以电话发明家自居，一生致力聋哑儿童的教育。莫尔斯、马可尼、贝尔德都是业余电子爱好者，但是他们敢想敢干，善于吸取前人的经验，最后脱颖而出，摘取了发明的桂冠。爱迪生一生从未停止过发明。他的座右铭是："我探求人类需要什么，然后我就迈步向前，努力去把它发明出来。"居里夫人热爱祖国，一生淡泊名利，倾其毕生精力从事放射性研究，并为此献出了宝贵的生命……

我们重温他们的故事，倍感亲切，深受鼓舞。他们那种为人类造福的理想，那种敢于创新的精神，那种不怕失败、百折不挠的毅力，将永远激励后人。

可以想象，如果没有他们发明的火车、轮船、汽车、飞机和电灯、电报、电话、无线电、电视，世界将不再精彩。

让我们向这些科学巨人们致敬！

松鹰

2014 年 2 月 18 日于成都兀岭书房

目 录

■ KEXUE JUREN DE GUSHI

★ **农家少年** ………………………………… 002

移民之家 ………………………………… 003

劳动和梦想 ……………………………… 007

会跑的蒸汽机 …………………………… 011

爱摆弄机械的小子 ……………… 015

★ **年轻的机械师** …………………… 020

闯荡底特律 ……………………………… 021

40 英亩土地 …………………………… 025

喜结良缘 ………………………………… 029

重返底特律 ……………………………… 033

★ **汽车梦** …………………………………… 038

不用马拉的车 …………………………… 039

汽车的先行者 …………………………… 043

奥托、本茨、戴姆勒 ………………… 048

美国发明家 ……………………………… 053

★ **后来者居上** ……………………… 056

福特的第一辆汽车 …………………… 057

爱迪生的鼓励 …………………………… 061

底特律汽车公司 ………………………… 064

赛车冠军 ………………………………… 068

MULU

★ **为平民大众造车** …………………………………… 072
福特汽车公司 …………………………………… 073
T型车神话 …………………………………… 077
第一条流水生产线 …………………………… 081
日薪5美元 …………………………… 085

★ **福特汽车王国** …………………………………… 090
汽车大王 …………………………………… 091
渡过难关 …………………………………… 096
红河工业联合体 …………………………… 098
福特父子 …………………………………… 101

★ **在竞争中前行** …………………………………… 107
T型车终结 …………………………………… 108
A型车的成功 …………………………………… 113
V8型车脱颖而出 …………………………… 116
车行天下 …………………………………… 121

★ **晚 年** …………………………………… 127
飞行梦和博物馆 …………………………… 128
埃德塞英年早逝 …………………………… 135
亨利·福特二世 …………………………… 140
伟人谢世 …………………………………… 146

★ **附：福特生平简历** …………………………… 149

在汽车出现之前，人们出门远行只能靠步行、骑马或者坐马车，非常不方便。

　　1885年，德国人卡尔·本茨发明了世界上第一辆三轮汽车，并于第二年取得了专利权。同年，德国人戴姆勒发明了世界上第一辆四轮汽车。戴姆勒和朋友开着这辆车成功地奔驰了几千米，车速可达每小时16千米。这标志着人类的汽车时代拉开了序幕。本茨和戴姆勒两人，被后世公认为"汽车之父"。

　　但是，本茨的三轮汽车只是最早的汽车雏形，结构很简单；戴姆勒制造的四轮汽车，也只是一件好玩的礼品，并不实用。

　　真正让汽车成为人类交通工具的，是一位美国工程师和发明家，他的名字叫亨利·福特。这个农民出身的"汽车大王"，是世界上第一位使用流水线生产汽车的企业家。他生产的T型汽车实现了"人人都买得起汽车"的梦想，创造了一个时代的奇迹。正是他使汽车从奢侈品变成了大众化交通工具，人称他"为世界装上了轮子"。

　　本书告诉你的，就是一个美国农家少年如何实现汽车梦的精彩故事。

农家少年

福特祖籍爱尔兰。爱尔兰是个与英国隔海相望的小国家,西临大西洋,东靠爱尔兰海。爱尔兰人是古代凯尔特人的后裔,世代居住在爱尔兰岛上。12世纪末,英王亨利二世率军在爱尔兰岛登陆,用武力迫使各诸侯前来宣誓效忠,开始了对爱尔兰的征服。从1541年起,英王成为爱尔兰国王。在英国资产阶级革命时期,军事独裁者克伦威尔发动了对爱尔兰的殖民战争,大批天主教徒惨遭屠杀,土地也被英国殖民者所瓜分。到17世纪末,爱尔兰岛已完全置于英国的控制之下。

亨利·福特的祖父约翰·福特原本在爱尔兰科克郡的一家农场里当雇农,农场主是英格兰人。约翰·福特和妻子共养育了7个儿女:大儿子威廉、二儿子亨利、小儿子塞缪尔、大女儿瑞贝卡、二女儿简、三女儿南希和小女儿玛丽。全家9口人靠约翰·福特替地主种地过活,日子过得很清苦。

1845年,爱尔兰发生了大饥荒,马铃薯遭受了霜霉病的袭击,秧苗大面积腐烂,导致严重歉收。马铃薯是当时爱尔兰人的主要粮食来源,加上英国政府救灾不力,许多爱尔兰人被饿死。这场灾难延续了数年,英国统治下的爱尔兰人口锐减了将近四分之一。这个数目除了饿死的、病死的之外,还包括约100万因饥荒而逃往海外的爱尔兰人。这是19世纪最悲壮的一次移民潮。对这些移民而言,与其说是追逐梦想的移民,不如说是集体逃难,他们的经历苦不堪言。

爱尔兰科克郡地方官员尼古拉斯·康明斯在《黑色的1847年》中,有这样

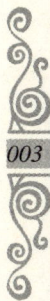

一段描述:"我走进一间农家小屋,其场景令我瞠目结舌。6个因饥饿而骨瘦如柴、形同鬼魅的人躺在小屋角落的一堆脏稻草上。我以为他们已经死了,但当我靠近他们时,耳畔却传来一声声低吟,这些人还活着……"

就在这"黑色的1847年",约翰·福特一家人也加入了移民潮。这年的春末,约翰·福特带领全家人搭乘了一艘破旧的船只,从爱尔兰前往美国。大儿子威廉·福特当时21岁,是个熟练的木工,很懂事,也很能干,他担负了长子的责任,替父亲分忧解难。在整个旅程中,威廉·福特实际上是全家人的领队和主心骨。

船舱里拥挤不堪,空气污浊,加上饮食恶劣,许多人都病倒了。威廉·福特的母亲汤玛斯不幸染病,在船上去世。约翰·福特和孩子们异常悲痛。

"可怜你妈连北美是什么样都没看见,就撒手而去了!"约翰·福特抹着泪说。

"妈妈在天堂里会看见的。"威廉·福特安慰父亲。

"愿她为我们祝福,保佑我们一路平安……"父亲喃喃道。

在大批爱尔兰移民的心目中,北美洲是个充满诱惑的"新世界"。传说那里的土豆大的一个有5磅(1磅约450克)重,城里人喝柠檬汽水不要钱,西部的蛮荒之地到处都能挖出黄金来……尽管这些传言有着浓厚的乌托邦成分,但对威廉·福特一家来说,北美大陆确实是一片充满着希望和梦想的乐土。

船只在大西洋上漂泊了几个星期,终于到了纽约。船上的移民大都选择在纽约落脚。纽约是美国最大的城市,有很多工厂,这为背井离乡的外来人提供了大量的就业机会。他们进厂打工,出卖劳力,靠微薄的工资在贫民区里生存下来。

威廉·福特一家没有在纽约逗留,他们继续西行,长途跋涉来到密歇根州的迪尔伯恩小镇。因为约翰·福特的两个弟弟(塞缪尔和乔治)在十多年前就移民到了这里。他们多次在信里描述，这里的原始森林广袤无边，土地价格便宜，是劳动者的天堂。只要勤劳，很容易成为土地的主人。这对于当了一辈子雇农的约翰·福特来说，具有莫大的诱惑力，于是，他选择了在迪尔伯恩安家落户。

迪尔伯恩位于底特律以西13千米，当时只有几百人。约翰·福特的两个弟弟说的果然不假，迪尔伯恩到处都是未开垦的处女地。这里风光秀丽，地广人稀，大片的原始森林里长着橡树、枫树、山毛榉和松树。约翰很快借到350美元，在迪尔伯恩附近的绿野村买下80英亩（1英亩大约4000平方米）土地，每英亩的价格竟然不到5美元。约翰一下子就变成了农场主，也是披荆斩棘的拓荒者。他带领儿子们一道伐木砍树，开荒种粮，很快就盖起了木屋和粮仓。为了过上自给自足的生活，全家人勤勤恳恳，辛苦劳作。农闲时，大儿子威廉·福特还到附近的密歇根中央铁路线上去打工，赚的钱全部用来补贴家用。没有多久，约翰就还清了借款。

就在这时，约翰的二儿子亨利受到淘金热的吸引，到加利福尼亚去闯荡。当时有许多年轻人怀揣着发财梦到那里去冒险，有人后来真的成了百万富翁。威廉曾经也有过到西部去闯一闯的念头，但他是家里的长子，家庭责任心促使他留在迪尔伯恩，帮助父亲经营农场并照顾弟弟妹妹们。直到十余年后，福特一家在迪尔伯恩站住了脚跟，威廉才考虑自己成家立业的事。

1861年4月，35岁的威廉和美丽的玛丽·玛格丽特举行了婚礼。玛丽是附近一个农场主的养女，性格开朗，黑头发，长着一双美丽的大眼睛。玛丽的养父、农场主奥赫曾在英国驻加拿大军队当过兵，生性豪爽慷慨，退伍后移民到这里开办农场，事业兴旺，很富有。玛丽的生父威廉·利特格特原是比利时移民，在修建房屋时不幸坠地身亡，留下4个儿女。奥赫夫妇没有子女，他们收养了年仅3岁的玛丽，将她视为己出，百般珍爱。威廉经常到奥赫先生的农场做木工活，他身强力壮，又很能干，奥赫一家人都很喜欢他。威廉和玛丽日久生情，双方坠入爱河。但是玛丽比威廉小 14 岁，当时还在学校里念书，因此直到她从学校毕业，才接受了威廉的求婚。那时她刚满 21 岁。

婚礼举办得简朴而温馨，富有田园风情。社区的邻居和熟人纷纷前来庆贺，场面异常热闹。

这场美满的婚姻是威廉人生的转折点，他不仅娶到一位贤惠能干的妻子，而且在事业上得到了岳父的鼎力支持。奥赫先生以极低的价格把 80 英亩肥沃的土地转让给了女婿，只有一个附加条件，就是威廉终生不得与玛丽离婚。威廉答应了岳父的要求，并且完全做到了。事实上，即使没有这个承诺，他和玛丽也会相亲相爱一辈子。

他们婚后不久，美国爆发了南北战争。这场内战持续了整整 4 年。底特律许多成年男子都应征入伍，参加战斗。威廉因为超龄的原因没有入伍，他留在迪尔伯恩经营自己的农场。凭着勤劳和一手娴熟的木匠活，威廉修建了一栋宽敞坚固的两层木楼，共有 7 个房间，客厅、起居室、厨房、卧室，一应俱全。地板

威廉·福特的农场（1876 年绘画）

和墙壁都漆成了玛丽喜欢的白色。

1863年7月30日清晨，就在这栋白房子里，玛丽产下一个健康的男婴，他就是本书的主人公——亨利·福特。亨利这个名字，是爸爸威廉取的。

威廉的弟弟亨利当年去西部淘金，虽然没有发大财，但却经受了磨炼，大开了眼界，后来在加利福尼亚定居了。威廉给儿子取名亨利，一来是纪念兄弟之情，二来也有为儿子祝福之意，他希望小亨利将来长大后，能像他叔叔一样成为一个有见识的人物。

没想到的是，小家伙后来竟成了美国的"汽车大王"，令福特家族威名远播，举世闻名。

劳动和梦想
laodonghemengxiang

　　亨利·福特的童年生活，充满着乡村情趣。亨利在成年后曾回忆说，他小时候最早的记忆就是父亲带着他和弟弟约翰去一棵大橡树下看鸟窝，那地方离他们家的白房子有100多米远。那是初夏的一天，约翰因为太小不能走路，父亲就抱着他。亨利比弟弟大两岁，跟在他们后面跑，当时他只有3岁。他记得鸟窝里有4个鸟蛋，还有一只小鸟。他惊奇地听小鸟唱歌，那只小鸟的歌声一直牢记在他的脑海中。长大后，他才知道那是一只北美歌雀，叫声婉转动听。他还记得那棵大橡树的旁边有一座磨坊，奶牛经常在那里喝水。也许因为这段儿时的经历，亨利·福特一生热爱大自然，对鸟类更是情有独钟，认为"鸟是人类最好的伙伴"。亨利·福特成为汽车大王后，和他的朋友在自己的农场上为鸟儿设立了500多个鸟巢，作为"鸟的旅馆"。他还对本地鸟类的普查活动进行资助，

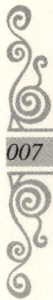

亨利·福特的童年照（两岁半）

并积极开展保护鸟类的儿童教育活动。

有一张保存完好的亨利·福特两岁半时的照片。小亨利长得眉清目秀，一双大眼睛透着灵气和专注的神情，身上的穿戴也挺漂亮，蕾丝领口、宽檐帽，十分帅气。

但是，农场生活并不都是田园牧歌式的。父亲威廉·福特是一个自给自足的农场主，各种各样的农活他都得干：种土豆、收割麦子、养牲口、熏肉、打猎、捕鱼、伐木，等等。这些农活季节性强，劳动强度大，很辛苦，而且必须具备一定的技能。每天，他都要走进田里从黎明干到天黑，然后回家干杂活。其实，这也是迪尔伯恩农家人的典型生活。

亨利是家里的长子，他长大一些后就跟着父亲干农活，帮父亲挖土豆、挤牛奶、喂鸡、打扫牲口棚、摘果子等。亨利·福特在自传里回忆说："在我的记忆中，童年的生活就是每天有干不完的农活。也就是在那段令我难忘的岁月里，我萌生了一个想法，就是要制造出各种各样的机器来取代繁忙辛苦的劳动。这个念头在我的脑海里盘旋着，在我每天干不完的农活世界里徘徊着。我的童年就是这样在日复一日的劳动与梦想中度过的。"

威廉·福特是一个典型的爱尔兰人，怀有浓厚的土地情结，他认为能在自己拥有的土地上劳作和发家致富，是人生的最大追求。这位父亲有意把儿子培养成为一个出色的靠勤劳致富的农场主。但亨利满脑子想的，却是如何能造出机器来取代辛苦的劳作。亨利经常和农场里的大人们一起干活，他觉得自己不是个当农民的料，而且那些粗俗的庄稼汉们也不接纳他。在亨利6岁的时候，有一次干完活后，他和几个农民在一起歇息。这时，一个大块头笑眯眯地走过来,递给他一小撮烟草。

"小鬼,尝一尝,挺香的。"大块头一脸真诚地说。

亨利信以为真,接过烟草塞进嘴里嚼起来。他不知道大人们享用烟草,都是悠悠然地咀嚼。亨利只感觉嘴里的味道又辣又苦,于是壮着胆子把烟草吞进了肚里。顿时,他听见大块头哈哈大笑,才明白自己被捉弄了。小家伙满脸绯红,觉得肚子里翻江倒海,难受极了。他晕头转向地回家去,走过一条小溪,差点掉进溪水里。他在一块石头上坐了一会儿,感觉天翻地覆,最后踉踉跄跄地回到家,一进门就对母亲说:"妈妈,我快要死啦!"

母亲见他这个模样,吃了一惊:"亨利,怎么回事哟?"

小家伙说起自己误吞烟草的事,母亲听罢,也哈哈大笑。

"哦,是吞了烟草呀,不会有事的。"她安慰儿子说。

"真的呀!"亨利方才破涕为笑。

母亲的话就像一贴安慰剂,让小家伙安下心来。在亨利的眼里,母亲玛丽无所不知,无所不能。她说不会有事,就一定平安无事。

玛丽是一位能干的主妇,她的勤俭持家和乐观豁达,在迪尔伯恩是远近闻名的。玛丽每天忙着烧饭、洗衣、养家禽、管理菜园子,把家里收拾得井井有条,还自己制作肥皂、蜡烛,给孩子们缝制衣服。正如亨利后来对人说的:"妈妈主持家政,统管一切,把家里搞得很舒服。"

虽然家务很繁忙,但玛丽很重视对孩子们的教育。她是亨利的启蒙老师,不但教他识字、写字、计算,还教他要做一个有责任感和诚实的人。有时,亨利流露出对干农活太累的抱怨,母亲就对他说:"为了生活,必须付出艰辛的劳动,有些事你虽不情愿做,却还是得做。"母亲还鼓励亨利说:"你肩上的担子不轻,不管你喜不喜欢,这是你必须要肩负的。你可以同情别人,但是不能姑息自己。"

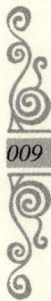

母亲玛丽·玛格丽特

有一次亨利说谎,被母亲识破了,母亲并没有训斥他、责骂他,只是一天没有理他,以示惩罚。亨利发现一整天家里没有人搭理自己,没人对他表示友好,也没有人提起他的过失,心中异常羞愧,感到"比鞭子抽在身上还难受"。亨利意识到做错事必然会受到惩罚,一定要吸取教训。

母亲的教诲,对亨利·福特的一生都产生了影响。玛丽对亨利的要求虽然严格,但对儿子的兴趣和理想却非常鼓励和支持。亨利喜欢摆弄机械小玩意儿,经常把一些金属零件和废旧器具捡回家当作宝贝。父亲看见了,总是冷冷地说:"亨利,又把这些破铜烂铁捡回来,有什么用啊!"每当这时,妈妈总会庇护他说:"儿子喜欢这些小玩意儿,可以培养兴趣嘛。"

"兴趣?庄稼汉最实惠的兴趣,就是在土地上耕耘。"父亲不以为然地说,"成天捣鼓这些破玩意儿,是不会有出息的。"

"咱们的亨利,可是个天生的机械师啊!"母亲替儿子辩护。

亨利·福特在自传里回忆说:"在我的发明世界里,母亲给了我很多的鼓励。在她的鼓励下,我四处寻找与我的发明和想法有关的东西,比如钢铁和木材。我总是用一颗好奇的心打量着大千世界,我想成为一名机械师的梦想在一天天发芽壮大。"

会跑的蒸汽机

huipaodezhengqiji

　　1871年3月,7岁半的亨利进入迪尔伯恩的乡村学校上学。这是一所苏格兰社区学校,离家只有3千米远。学校里教学生读书、写字、计算。其中有些内容,在上学之前妈妈已经教过他,所以亨利学习起来一点也不费力,据说他的心算和口算尤其快。和亨利同桌的正好是他的邻居埃德塞·拉迪曼,是个黑头发小子。亨利和他是好朋友。两人亲密无间,形影不离,特别喜欢恶作剧,是班上有名的调皮鬼。挖泥鳅,捉青蛙,打水仗,捉弄女生……两个小家伙无所不为。他们还像少年牛顿那样,把自己的名字刻在课桌上(牛顿是刻在窗台上的),结果被老师发现,罚他们站在教室的角落面壁思过。

　　不过最令亨利着迷的,还是与机械有关的小发明。他曾经率领一帮小伙伴用石头和泥土筑成堤坝,把学校附近的一条小溪拦起来,然后在堤坝上安装了一个木制的水车。水漫上堤坝时,水车就转动起来。放学时,亨利他们忘记了这项杰作,结果当天晚上水漫过堤坝,把附近农民的土豆地给淹了。

　　还有一次,在学校的后院里亨利和伙伴们用土方法制作了一台水轮蒸汽机。他们用一个废旧的大铁罐做锅炉,再接上一根管子,把蒸汽喷到一个用白铁叶片做的轮子上。锅炉用大火加热时,蒸汽噗噗地喷射到白铁叶片上,轮子就飞快地转起来。大伙儿兴奋得欢呼起来。但是谁也没有注意到铁罐里的水被烧干了,锅炉突然发生了爆炸,灼热的蒸汽和飞溅的铁片,致使附近的几个孩子受了轻伤,亨利的脸上也留下了一道伤口,所幸没有酿成大祸。

　　老师到家里去告状,父亲威廉·福特大为震怒,亨利因此挨了一顿痛打。母亲祖护他道:"这是无心之过,下次吸取教训就是了。"

亨利后来回忆说:"我在农场一边干活,一边继续着我当机械师的梦想。家里人包括父亲在内,都认为我这辈子不会有出息,只能是一个老实巴交的农民,只有我妈妈一如既往地支持我。"

不幸的是,1876年3月母亲玛丽因为难产而去世。在此之前,母亲还给亨利生了5个弟弟妹妹:大弟弟约翰、大妹妹玛格丽特、小妹妹珍妮、二弟威廉和小弟弟罗伯特。没有料到,母亲这次分娩时竟出了意外,母婴双双都没有救活。

亲爱的母亲离开了人世,是亨利一生中经受的最大打击。他感到自己永远失去了庇护,家里从此失去了欢乐和温情。他叹息道:"我们家就像一个被抽掉了发条的钟表。"许久之后,丧母的伤痛才渐渐平复。

亨利12岁的时候,遇到一件难忘的事情,对他的一生产生了很大的影响。这次经历,亨利·福特在自传里有生动的描述:

我的童年有两次难忘的经历,它们带给我的影响是巨大的,可以说是它们成就了我的一生。12岁那年,我驾着马车前往镇上,在离底特律大概8英里(1英里大约是1.6千米)的地方看见了一辆蒸汽机车。从看见它的第一眼起,我就被震撼了。蒸汽机车不需要牲口或者人力带动,速度却远远超出了我驾驶的马车。这对于一个只有12岁的小孩来说,无疑是一件大开眼界的事情。凭着平时对机车的爱好和关注,我一眼就认出它是由贝特尔·克里克的尼科尔斯·谢波德公司制造的。机车师傅看见了我的马车,便在路边缓缓地停下机车来给马车让道。

亨利·福特说的情形,有两点不同寻常:一是当时他才12岁就已经能驾着

英国人斯瓦底·嘉内制造的蒸汽公共汽车

马车进城了,说明他很能干;二是他一眼就认出蒸汽机车是"尼科尔斯·谢波德公司制造的",表明他平日里就对机械制造很有兴趣。

趁着机车停下来的工夫,亨利跃下马车,径直上前跟机车师傅搭讪起来。这是他第一次亲眼看见没有马拉的交通工具,感到非常惊奇。

"大叔,您这辆车没有用牲口拉,为什么跑得这么快呀?"

"这是一辆蒸汽机车,是用蒸汽机带动的。"

"哦,太神奇啦,会跑的蒸汽机!"

"小家伙,你驾的这辆马车也不赖嘛!"

"我可不喜欢赶马车。"亨利嘟着嘴说。

"为什么哟?"机车师傅故意逗他。

"这匹马一路上尽拉屎,满街的马粪,臭烘烘的……"亨利指了指拉车的青鬃马,它正甩着尾巴,一副若无其事的模样。

"呵呵,它一定是吃多啦,你少喂些草料嘛。"

"草料喂少了,它又要造反了。"

"造什么反哟？"机车师傅觉得有趣。

"耍赖呗，站在原地死活不动弹。"

亨利对马一直没有好感，不仅仅是因为马粪气味不佳。在他9岁的时候，有一次骑着青鬃马从庄稼地回家，中途不小心从马背上摔下来，可一只脚却套在马镫里出不来，结果被青鬃马拖着跑了20多米远。可恶的家伙，竟敢对小主人这么不恭！

"大叔，这辆蒸汽机车是根据什么原理开动的？"亨利打量着眼前这辆"会跑的蒸汽机"，好奇地问。

"呵呵，你对它的原理有兴趣？"机车师傅脾气很好，耐心地给他讲解了机车的结构和工作原理。

这辆机车的车架上放着一台便携式蒸汽机，汽锅的后面连着水箱和锅炉。在锅炉后的平台上，另一个师傅一边不停地往阀门里加煤，一边操作着一根方向杆，用来控制机车行驶的方向。

"你瞧，用一根长铁链与后轮的一个轴连接起来，这样就可以带动整个机车运动起来。"机车师傅告诉亨利说。

机车师傅一边跟亨利讲解，一边亲自示范，他从机车上卸下了那根长长的铁链条。

"这根链条是机车的重要部件。不过不一定是铁链，只要能够找到合适的链子，机车也一样可以转动起来。"

"这车轮最快能转多少圈？"亨利问。

"每分钟能转200圈。"机车师傅用得意的口气回答。

"转这么多圈呀，怪不得它跑得那么快！"亨利惊叹不已。

"大叔，这个小齿轮是做什么用的？"他的目光停在一个小齿轮上。

"这叫副齿轮，主要用来改变车子的制动，使车子在想停的地方能够稳妥地停下来。"

"是控制刹车的吧？"亨利问。

"是的，小家伙，你真聪明！"

"我也要造一辆这样的蒸汽机车。"亨利两眼发亮，嘴里喃喃地说。

机车师傅没有把小家伙的话当真，但夸奖了他几句，亨利顿时感到自己浑身充满了创造的劲头。他在回忆录里说："与蒸汽机车师傅的这次邂逅与交谈对我影响很大，后来我模仿那台机车也制造了一台类似的蒸汽机车，并且运行得很成功。但是我还有一个更大的梦想，就是生产一辆能够在马路上飞速奔驰的车子。"

也许亨利·福特的话有夸大的成分，想想一个 12 岁的孩子要造出一台实用的蒸汽机车，确实不可思议。很有可能，他制作的是一台蒸汽机车的模型，即便如此，这也是很了不起的事。

☆ 爱摆弄机械的小子
aibainongjixiedexiaozi

亨利·福特在自传里说的另外一次难忘的经历，就是在看见蒸汽机车的同一天，他得到了一块怀表。这是一块普通的怀表，表链已有些磨损，但指针运行得很正常。小家伙拿着这块表翻来覆去地把玩，爱不释手。

弟弟约翰看见了，一脸羡慕的神情。

"哥，给我瞧瞧嘛。"

亨利叫约翰闭上眼睛，然后把怀表放在他的耳旁。

"听见什么了？"他问。

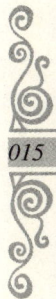

怀 表

"听见了'唧唧唧'的声音。"约翰回答说。

"不是'唧唧唧',而是'嘀嗒嘀嗒嘀嗒'的声音。"亨利纠正他的话。

"哦,好像是'嘀嗒嘀嗒嘀嗒'。"约翰点点头。

"哥,它为什么会发出这种声音呢?"约翰睁开大眼睛,好奇地问。

"听说怀表的肚子里有发条,还有好多小零件,发条带动小零件转动,就会发出'嘀嗒嘀嗒嘀嗒'的声音……"亨利曾经听农场的工友阿道夫·格林说过。阿道夫是父亲雇用的德国籍工人,他有一块祖传的银表,每天当宝贝似的,经常拿给亨利看。

"真的呀?"约翰半信半疑。

"我也没有见过发条。"亨利说,"不过打开盖子看一看,就知道了。"

"这表盖打得开呀?"约翰很惊奇。

"应该没问题。"亨利却胸有成竹。

亨利打开他的小工具箱,在里面找了一把小螺丝刀,然后轻轻地撬开了怀表的后盖。顿时,一个由小齿轮组成的机械世界呈现出来,

被揭开后盖的怀表

那些小齿轮飞快地转动着，玲珑剔透，闪闪发光。

"好奇妙啊！"约翰说。

"果然如此啊！"亨利喜形于色。看着那些飞快转动的小齿轮，他对约翰说："我想，我找到了未来的职业。说不定，我能成为一个钟表师哩！"

"哥，你肯定是个顶呱呱的钟表师。"约翰附和道。

这块怀表成了少年亨利梦想当机械师的一个寄托。他把怀表拆开来，又重新组装好。经过许多次反复拆装，他对表的结构和原理已基本掌握了。最让他开心的是，有一次他找到一块已经停转的手表，居然让它的指针再次转动起来，并且发出美妙的节奏声。那一年他才 13 岁。

正如亨利·福特自己说的："我是一个喜欢拆拆修修的人，对机器有着特别的爱好。小时候我经常从各地弄来一些机器的零部件，有时候也将家里的各种小机器（包括我那块心爱的怀表）拆开，然后再试图组装好。"

有一次，为了探究音乐的来历，亨利把妹妹的八音盒给拆开了。玛格丽特看见自己的宝贝被拆得七零八落，不禁放声大哭。

父亲闻声过来，斥责亨利说："这是你拆的？"

"是的。"亨利承认道。

"搞什么名堂啊？"父亲生气地说。

"我想瞧瞧这八音盒里面怎么能放出音乐来。"

"咱家的机械大师，"父亲不以为然地说，"那你搞清楚没有，音乐是从哪里来的？"

"搞清楚了。"亨利的回答完全出人意料。

"这个是滚筒，这个应该是簧片，它们是八音盒的主要部件。"亨利指着桌子上开膛破肚的一些零件细细道来，"爸爸，你瞧，滚筒上的不同位置有小凸起，当发条带动滚筒转动时，小凸起拨动簧片，就会使簧片振动发出声音……"

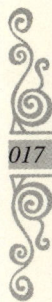

威廉·福特听后,脸上露出不可思议的神色,儿子的话说得头头是道,不得不让他信服。但碍于情面,他没有称赞亨利。再说了,如果亨利受到表扬,脑袋一发热,说不定会把收割机也拆了。

"小子,你能把八音盒重新装好吗?"他故作严厉地问。

玛格丽特也眼巴巴地瞅着亨利。

亨利冲妹妹扮了个鬼脸说:"没问题!"

"那就好。"父亲甩下一句话就走了。

没过一顿饭的工夫,亨利就把八音盒重新装好了。他拧紧发条再松开手,顿时,从八音盒里传出悦耳动听的音乐。

"唱起来啦!唱起来啦!"玛格丽特不禁欢呼雀跃。

亨利除了拆卸妹妹的八音盒,还喜欢解剖弟弟们的玩具,诸如跳跳蛙、小机器人什么的。玛格丽特说:"每当我们在圣诞节收到的礼物是机械玩具或发条玩具时,我们总会彼此转告:'千万别让亨利看见!他会把它们大卸八块的!'"

这话一点也不假。

由于喜欢摆弄机械,到 15 岁时,亨利已经对钟表及其他机器的原理有了相当的了解。他修表的技术很高,经常免费为邻居修表,赢得了许多称赞。起初父亲还蒙在鼓里,后来经常听到邻居们夸奖"你家的亨利是个修理能手哦",父亲才知道儿子有这本事。在父亲的允许下,亨利在餐厅东面的窗台下搭了个小工作台,经常在那里捣鼓他的小机械玩意儿。玛格丽特说:"小工作台上摆着各种工具,我们都不敢动。"亨利的工具很齐备,其中有好多是他自己动手制作的。他把母亲的一个旧胸针改制成了小镊子,还把小发夹磨成微型改锥。尽管如此,这些小工具用起来却得心应手。

亨利明白,自己的知识和技能都是在实践中掌握的,这些东西在书本上是学不到的。正如人们常说的:社会就是一所大学,社会就是一本书。在社会这所大学里,你只有用自己的大脑去发现、去思考,用自己的双手去实践、去拼搏,才可能学到你需要的知识。特别是机械师,需要掌握每一个零部件的性能,每一个机器的操作步骤,只有在实践中亲自去磨合,亲自去感知,才能逐渐充实和提高。

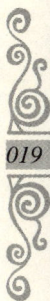

年轻的机械师

闯荡底特律

chuangdangditelü

1879 年初冬，16 岁的亨利·福特毅然离开父亲的农场，只身前往底特律去谋生。底特律离迪尔伯恩大约有 13 千米远。亨利沿着密歇根大道一路向东步行，中途搭了一辆马车，没有多久就到达了目的地。

底特律是美国密歇根州最大的城市。这里原为印第安人住地，后被法、英占领，1796 年归属美国，1815 年设市。底特律的位置在美国东北部，与加拿大的温莎毗邻，是底特律河沿岸的一座重要的港口城市。由于占据五大湖水路的战略地位，底特律逐渐成了一个交通枢纽。随着航运、造船以及其他制造工业的兴起，底特律自 19 世纪 30 年代起稳步发展，1852 年与芝加哥之间的铁路开通后，发展更快。亨利·福特到底特律闯荡时，这里的城市居民已超过 8 万人，有上百家工厂，机械制造业很发达。

亨利·福特很快就找到了第一份工作，在密歇根车辆公司当学徒。这是一家很大的公司，员工有 2000 人，主要生产铁路货车车厢。亨利·福特每天的工资是 1.1 美元，这在当时算是高薪了。不过，亨利·福特在那里只干了 6 天，就被迫离开了。原因是他表现得太出色了，一个老员工没能解决的机械故障，他一下就解决了。他满以为会受到表扬，不料工头却把他解雇了。亨利·福特从中吸取教训："母亲教过我，做人要低调，不能把本事全部露出来。"

接着，亨利·福特又在弗劳尔兄弟机械厂找到了新工作。这是一家小工厂，厂房是一栋两层的旧楼，每层的天花板都很低，环境嘈杂，劳动强度大。老板是苏格兰裔的三兄弟，都年过 60 了。亨利·福特每天要干 10 个小时的活，每周工

港口城市底特律

作 6 天,工资却很低——每周只拿 2.5 美元。由于每周要交 3.5 美元的寄宿费,亨利·福特晚上不得不到一家钟表店打工,赚些外快。好在修理钟表是他的看家本领。

亨利·福特在弗劳尔兄弟机械厂待了 9 个月,收获很大。这家工厂生产的产品很多,凡是铁器和铜器,诸如球形阀、闸式阀、汽笛、消防栓等都能制造。通常是在一楼制作铸件,然后送到二楼进行精加工。车间里有各式各样的机床,这让亨利·福特大长见识。他学会了使用车床和铣床,能够熟练地车出六角形黄铜阀。

亨利·福特的志向是做一名机械师。1880 年 8 月,为了学到更多的东西,他跳槽到德里克造船厂,周薪降到 2 美元,他也不在乎。德里克造船厂是底特律最大的造船厂,坐落在奥尔良街尽头的底特律河畔,拥有两个码头、一个机器分厂、一个发动机分厂,还有一个铸造厂,可生产各式各样的轮船、驳船和拖船。亨利·福特被分配到发动机分厂工作,与各种蒸汽机打交道。他感到自己来到了一个新天地,如鱼得水。

亨利·福特聪明能干,技术精湛,工友们都很喜欢他。厂里的总工程师弗兰克·科尔比对亨利·福特很欣赏,经常指导他学习绘图设计,使他获益甚多。对于科尔比的深情厚谊,亨利·福特终生难忘。

有一次,亨利·福特沿着跳板把一辆沉重的手推车推上一条驳船,他推得很吃力,手推车有些摇晃。当时科尔比正好路过,他大声喊叫着为亨利·福特加油:"站稳脚跟,孩子! 你会成功的! "

在场的所有人都把目光投向亨利·福特。亨利·福特照着科尔比说的去做,果然手推车不再摇晃了,被稳稳当当地推上了驳船。

多年之后,福特回忆当时的情景时俏皮地说:"从那时起,我的脚跟就没有动摇过。"

福特成名之后,也没有忘记科尔比对他的教导之恩。1918 年他曾聘请科尔比协助建造一战中使用的雄鹰型舰船。福特建立爱迪生博物馆时,还特地将科尔比的名字刻在名人录上。

工作之余,福特仍然去钟表店打工。他对修理手表的痴迷依然不减,水平也越来越高。他每晚的工钱是 50 美分,一周 6 个晚上可以挣 3 美元。这家钟表店在倍克街,老板马吉尔是个珠宝商,他派给福特的任务是,清洗店里的钟表,但福特并不满足于对钟表洗洗擦擦。有一天晚上,福特趁老板外出,擅自把一块待修的手表拆开动手修理,老板回来后大吃一惊。

"你知道这块表值多少钱吗?竟敢拆开来!"老板很生气。

"这是美国华生牌怀表,1850 年出厂。"福特平静地说,然后把表递给老板,"我已经把它修好了。"

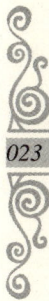

马吉尔接过怀表仔细检查，果然运行恢复正常，不禁转怒为喜。

"小伙子，你接着干！以后你就是店里的钟表修理师了。"

不过，马吉尔担心顾客把钟表交给一个小青年修理不放心，于是安排福特在店后面的工作台干活，以免被顾客发现。据福特回忆，他在那个钟表店修过的手表数量有上千只。不久，福特在附近已是小有名气。福特说："我对钟表的兴趣，主要源自它经常会带给我各种各样的挑战，而我能一次次成功地解决这些技术上的难题，也使得附近的人对亨利·福特这个名字有所耳闻。"

亨利·福特还设想过要设计一种成本仅 30 美分的简易手表，这是他的追求目标。他一向反对把钟表当作奢侈品，因为这样一来它就成了富人的专利，而不是为平民大众服务。他设想如果每天生产 2000 只手表，低成本就行得通，可以薄利多销。不过后来他测算过，每年需要销售 73 万只手表才行，恐怕没有那么多人购买，于是他最终放弃了这个想法。正如福特所说："早在那个时候，我就有大批量生产的想法了。"

亨利·福特后来回忆说："我 17 岁时独自一人来到德里克造船厂当学徒，倔强地偏离了父亲给我安排好的人生道路，朝着自己的梦想王国勇敢进发，父亲因此对我很失望。但在德里克造船厂，我仿佛一只在笼子里关久了的小鸟突然置身于广袤的森林，努力地汲取着机械方面的知识，很快我就从学徒升为一名合格的机械师了。"

福特从学徒升为机械师后，工资涨了不少，用不着每晚再到钟表店打工了。他开始把时间花在阅读科技资料上，包括《科学美国人》杂志、英国的《科学世界》杂志，等等。

有一次，福特从《科学世界》中读到一篇关于"奥托发动机"的报道，里面介绍了一种新型的内燃机引擎的发展动向，其原理、性能与蒸汽机完全不同，但动力却非常强劲，这引起了福特莫大的兴趣。

40 英亩土地

40yingmutudi

底特律离迪尔伯恩并不远，乘马车只需两个小时。福特在底特律打工期间，遇到农忙时节常会请假一两周回迪尔伯恩农场帮忙。平常周末时，他偶尔也会回家看看。每当这个时候，他都会给弟弟妹妹们带些小礼品，诸如玩具、糖果之类。他毕竟是家里的大哥，已经能挣钱养活自己了，他要给弟弟妹妹们一点小惊喜，同时也显摆自己在底特律混得不错。

这一切，威廉·福特看在眼里，并没有表露什么。在父亲看来，亨利·福特迟早会从底特律回到农场的，这也是他最大的期望。当初，福特执意要离家去底特律打工，威廉·福特尽管反对，但也没有强行阻拦，因为强扭的瓜不甜。他看得出福特的心思根本不在农场，心想让他去底特律闯一闯，在喧闹的城市里吃尽苦头，碰得头破血流，自然会回来的。

老人的期望果然成了事实。

1882 年初秋的一天，19 岁的福特终于提着行囊回到了家。不过，福特在底特律闯荡了两年多，并没有碰得头破血流，他凭着自己的聪明和勤奋，竟然成了一名合格的机械师。

"爸，我回来了。"他的个头长高了不少，身穿牛仔工装，表情自信，模样潇洒英俊。

"儿子，你不走啦？"父亲喜出望外。

"是的，我决定在迪尔伯恩发展。"

"这太好了！你可是咱们福特家的希望啊！"父亲激动得拥抱儿子。

"哥,欢迎你回来!"弟弟约翰说,他也是小伙子了。其余的弟弟妹妹们,个个笑逐颜开,一窝蜂地把福特围了起来。

"哥,你真的不走啦?"

"是真的吗?"

"哥什么时候骗过你们!"福特的态度很坚定。

"好啦,好啦,让你们的大哥先歇息一会。"父亲吆喝道,"晚上咱们喝酒庆祝一下!"

父亲威廉·福特

当天晚上,父亲拿出自酿的葡萄酒痛饮,喝得酩酊大醉。在他看来,儿子回家犹如浪子回头,他从来没有这么高兴过。

可是几天之后,威廉·福特发现亨利对农场的事不闻不问,对庄稼和牲口也没有表现出丝毫的兴趣。这时他才明白,儿子"要在迪尔伯恩发展",指的并不是经营农场,而是要施展他的机械师才能。

正像母亲所说,亨利·福特是个天生的机械师。亨利小时候的玩具就是各种工具,从 13 岁开始,他就修表、修机器,16 岁时到底特律当学徒,如今成了机械师,他要大展拳脚了。

机会很快就来了。附近有个农场主约翰·格里森,从威斯汀豪斯公司买回来一台轻型蒸汽机,打算在自己的农场里使用,并租给其他农场用来打谷子和锯木头。但是,这台蒸汽机开动后扑哧扑哧地喷着蒸汽,转速飞快,难以驾驭。约翰·格里森拿它没有办法,又从当地请来几个技工,也没能对付得了它。

无奈之下,约翰·格里森前来向威廉·福特求助:"听说你家亨利从底特律回来了,是个机械师,能不能帮帮忙呀?"

威廉·福特觉得儿子资历不够,担心他对付不了这台"怪物机器":"他刚刚学成,恐怕难以胜任哦。"

福特站在一旁,看见约翰·格里森先生满面愁容,说话的语气好像很害怕那台蒸汽机,于是插话说:"爸,我可以试一试。"

"你能行吗?"父亲有点犹豫。

"我想我能行。"福特说。

"那就试试吧。"父亲答应了。

福特来到格里森农场,发现那台蒸汽机果然不好对付,开动起来转速飞快,发出的声响就像一头"烈兽"。这是一台威斯汀345型蒸汽机,蒸汽锅炉安装在一个结实的四轮车架上。福特费了九牛二虎之力才制伏了它,这台机器总算能够平稳运行,进入正常工作状态。尽管福特累得筋疲力尽,弄得满身油污,但是心里却有说不出的高兴。

亨利·福特后来回忆道:"说实话,起初我也有点怕那台机器,但我心中的疑虑很快就打消了。我把机器控制住了,也可以说我同时控制住了我自己。在我的意识里,我终于做到了我一直以来想做的事,那种感觉太美妙了!"

约翰·格里森先生对亨利·福特的表现非常满意,当即雇他为农场技师,日薪3美元,专门负责操作这台345型蒸汽机。亨利于是带着这台他驯服了的机器,走遍了附近的大小农场,帮人打谷子、锯木头、磨饲料、切玉米梗等。当然,加工费归老板约翰·格里森所有。工作虽然辛苦,但亨利乐在其中。他说:"我非常喜欢这台机器,自然也对熟练驾驭机器的主人很满意——当我在乡间起伏不平的道路上把机器从一地搬运到另一地时,心里从来没有那样自豪过。"

亨利·福特受这台蒸汽机的启发,决定自己试制一台蒸汽拖拉机。他把父亲农场一台废弃的除草机拖来,在框架上安装了一台土制的蒸汽机,再用一根皮带连接到铸铁轮子上。当锅炉用柴火点燃后,蒸汽机启动,除草机向前开动了不到50米就停止不动了,原来是因为机身太重,动力明显不足。亨利·福特

尝试了好几次,想作进一步的改进,但都没有成功。这促使他想到改用其他类型的动力,诸如用汽油或者用电,这个问题他考虑了很久。

就在这时,亨利·福特遇到了约翰·切尼先生。切尼先生是威斯汀豪斯公司在迪尔伯恩的地区经理,他很赏识福特操作蒸汽机的能力,动员他为威斯汀豪斯公司服务。

福特问切尼先生:"我能为贵公司做些什么呢?"

"我公司生产的机器,由你做操作示范并负责维修。"

威斯汀豪斯公司是一家实力雄厚的大公司。福特答应了切尼先生的聘请,于是在为格里森打工83天之后,亨利·福特顺利地成为威斯汀豪斯公司的雇员。从1883年到1885年,亨利·福特以威斯汀豪斯公司技师的身份走遍了密歇根州的各个农场,安装、调试威斯汀豪斯公司生产的机器,并负责排除各种故障。这段经历拓宽了亨利的眼界,了解了许多不同类型机器的性能。在冬季农机闲置不用时,福特就到底特律一所商业学院去进修,学习会计、机械制图和企业管理等课程,有点像现在的 MBA(工商管理硕士)。

父亲看到亨利·福特在操作农业机械上成绩显著,想尽最后努力把他永远留下来。1886年7月30日,在福特23岁生日时,威廉·福特告诉儿子要送给他40英亩(相当于16万平方米)土地作为生日礼物。作为礼物的莫伊农场,位于史普林威尔镇,离威廉·福特的农场不远。农场里有一栋小房子,还有大片的森林。

不过,父亲的礼物附带一个条件,就是福特必须放弃当一名机械师。

这40英亩的土地确实有诱惑力,再说也是父亲的一番心意,于是亨利·福特向父亲作了妥协:父亲送给他40英亩农场,他答应放弃当名机械师。

亨利·福特后来回忆道:"作为权宜之计我同意了,但是还有一个原因爸爸并不知道。"

亨利·福特所说的另一个原因，就是他正在与本地一个心仪的姑娘热恋，而且已经到了谈婚论嫁的地步。那个姑娘名叫克拉拉·简·布莱恩特，芳龄二十，人很漂亮，也很聪慧能干。福特非常爱她，她对福特也十分钟情。

如果要和克拉拉结婚，自己独立门户，就需要稳定丰厚的经济来源，但亨利·福特没有存下多少钱。此刻父亲送他的 40 英亩农场，不啻是雪中送炭。

★ 喜结良缘
xijieliangyuan

亨利·福特和克拉拉是一年前相识的。那是 1885 年元旦，邻村的玛尔戴尔庄园举办新年舞会，福特和几个伙伴前往参加。在舞会上，福特的表哥介绍他认识了克拉拉·简·布莱恩特。当时克拉拉只有 19 岁，穿着浅紫色连衣裙，落落大方，是众人追逐的舞会"皇后"。福特身材挺拔，相貌英俊，谈吐彬彬有礼，赢得了许多姑娘的青睐，但他只被克拉拉的风采迷住了。克拉拉对他也颇有好感，两人一见钟情，谈得很投机。

"听说你是个机械师。"克拉拉俏皮地问福特，"你一天到晚都和蒸汽机打交道吗？"

"蒸汽机不算啥。"福特回答道，"我的真本领在这里。"

说着，他亮出自己手腕上那块别致的手表。克拉拉好奇地打量了一下，发觉那块手表很特别，表盘上有两套指针在走动。

"这是我自己设计制作的双时表。"福特向克拉拉解释道，语气中透着几分自豪，"你瞧，大的这套时针，指示的是美国时间；小的这套时针，指示的是世界时间。"

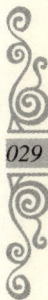

"是吗？世界时间？以哪里为准呢？"克拉拉很惊奇。

"大英帝国的伦敦。"福特说。

克拉拉嫣然一笑，眼睛里露出几分欣赏。

"你要是喜欢，这块表就送给你了。"福特大方地说。

"你经常拿这块表哄姑娘们开心吗？"克拉拉谢绝了他的好意，戏谑道。

"哪里哪里，自古宝刀只能配豪杰。"福特呵呵地笑着说。

"那你是把我当豪杰了？"

"当然，你是女中豪杰，我的红颜知己。"福特平时并不善言辞，连他自己都不知道，那天怎么会妙语连珠。也许这就是爱情的魔力吧。

克拉拉被福特的热诚打动了。她感到了他的能干、精细和不同凡响，还有他的远大志向和对未来的雄心勃勃，她相信福特是个可以托付终身的男人。

"我愿意做你的红颜知己。"她回答说。

从舞会分手那一刻起，两人已是心心相印。福特经常给克拉拉写信，诉说自己的思念之情。克拉拉的回信简短而矜持，这更激起福特的相思和狂热。

下面是福特在1886年情人节那天，写给克拉拉的一封情书。

亲爱的克拉拉：

很荣幸能够再次写信给你，从我上次见到你，一不留神一年已经溜走了。虽然今晚我们不能共乘雪橇度过这美好的夜晚，但我相信我们今后会有许多机会共驾雪橇，欣赏美景……亲爱的克拉拉，也许你没打算在星期五晚上见到我，而且今天的天气这么糟，你今晚应该也不会想见我；可是，如果天气和道路状况都不错的话，请来找我好吗？星期五或星期六晚上的歌剧，星期日或星期一晚上的舞会，如果你哥哥还没给你介绍玩伴，请在回信的时候告诉我。但是，我恐怕等不到那个时候就想见到你。克拉拉,亲爱的,你想象不到能够遇到你这样一个可人儿,我是多么快乐,我多么希望我们能够在一起。祝你一整年都快乐!晚安。

愿爱之花永远将你包围!

愿和煦的阳光永远照耀着你!

深爱你的亨利

精诚所至,金石为开。就在克拉拉收到这封信的两个月之后,即 1886 年 4 月,她和福特订婚了。人常说好事成双,三个月后,在福特 23 岁生日之际,父亲决定送给他 40 英亩土地作为生日礼物。福特欣然接受了父亲的附加条件,也就成了顺理成章的事。

福特搬进莫伊农场不久,便花了 250 美元买了两台机器:一台大号圆锯机、一台便携式蒸汽动力机,然后开始清理农场里的树林。只见一棵棵枫树、榆树、橡树、山毛榉被锯倒在地,露出蛮荒的土地。在他操作圆锯机的时候,未婚妻克拉拉常常陪在身边,给他端茶送水和鼓劲。克拉拉的父亲是一个富有的农场主,共有 10 个子女。克拉拉是家里的长女,一点也不娇气,经常帮母亲操

青年亨利·福特(摄于 1888 年)

持家务,并照顾弟弟妹妹们。福特很庆幸自己找到了一个贤内助。

两年间,福特共砍伐了大约 1 万棵树,平均每天要砍伐 14 棵!再加上要把这些树运出去,劳动强度之大可想而知。福特把这些木材卖给家具厂、造船厂、

木材加工厂，积蓄了不少钱。起初，父亲以为福特砍完树后，接着会开荒种植。后来他发现儿子只知道玩命地伐树，却不种任何庄稼，心中颇为失望。不过，这40英亩农场的主人既然是儿子，他也只能顺其自然了。

1888年4月11日，在克拉拉生日这天，福特和克拉拉举行了婚礼。结婚仪式是在新娘的父母家里举行的。前来喝喜酒的人很多，据说礼物在床上堆积如山，新郎新娘坐上床时把床都压垮了，引得客人们哄堂大笑。

婚后，新郎新娘搬到莫伊农场的小屋里，日子过得和睦美满。福特忙于打理农场，克拉拉把家务安排得井井有条。没有多久，福特用砍伐的木头修建了新居，小两口称它为"完美别墅"。新居是座一层半的小楼，带有环形回廊和漂亮的栏杆。克拉拉把新房子布置得温馨别致，房间里精致的家具，极富乡村风格。起居室里有一架管风琴，克拉拉经常坐在窗前弹奏。

克拉拉·简·布莱恩特（摄于1888年）

福特在新房的后面修建了一个小车间，里面存放着许多科技资料、仪器及制作工具，他时常躲在里面，潜心研究自己感兴趣的内燃发动机等方面的问题。也是在这个地方，他开始试制双缸发动机。

福特在自传里说："我想制造一辆能够奔驰在马路上的机器，一种比蒸汽机车还先进的机器。这种想法一直在我的内心涌动着，驱使我不断地付诸实践。我拥有其他机械师无法比拟的优势，那就是我在农场里拥有一间属于我自己的车间。在那里，我可以随心所欲地把我脑海里的每一个想法付诸实践。"

重返底特律

chongfanditelü

福特在莫伊农场搞了两三年的机械实验，都属于练兵性质，没有多大突破，他最终作出了一个重大决定。虽然农场里的半隐居式生活，有利于潜心研究，但是家里的车间毕竟太小了，福特渐渐感到这里远离都市和现代技术的前沿，资讯闭塞，如同身陷孤岛。他意识到要实现自己搞机械的梦想，必须彻底告别农场。

有一天，福特把自己的想法告诉了妻子："亲爱的，我想和你商量一件事。"

"什么事哦？这么郑重其事！"

"其实这件事我想了很久了，希望能得到你的支持。"福特说。

"我知道搞机械发明一直是你的理想，我当然支持。"克拉拉说。

"谢谢你。"福特诉说自己的苦衷，"我觉得在农场里搞机械实验，只能小打小闹，成不了什么气候。"

"你有什么打算吗？"克拉拉关切地问丈夫。

"妈妈说我是个天生的机械师。如果我一辈子都困在农场里，到头来可能一事无成。"福特停顿了一下，接着说，"所以我想咱们应该一起离开这里，搬到底特律去发展。"

"要离开我们的家园，搬进城里呀？"克拉拉感到很突然，几乎要哭了。她从来没有离开过家乡，更舍不得"完美别墅"，因为这里是他俩共同构筑的爱巢、甜蜜温馨的天堂。

"房子和土地会留着的。"福特安慰她，"我们随时可以回这里小住。"

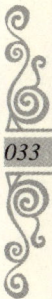

"好吧，我跟你去。"克拉拉停顿了片刻，眼里闪着泪光说。她愿意为丈夫的事业作出牺牲，也相信丈夫的事业一定能获得成功。

"亲爱的，太谢谢你啦！"福特拥抱着妻子，深受感动。

1891年9月25日，福特告别了故乡和亲人，和克拉拉一起前往底特律。65岁的父亲威廉·福特明白，儿子此去永远不会回头了。这小子回家"消停"了两三年，一门心思地捣鼓什么发动机。此时他拿到了一家电力公司的聘书，树木也全都砍完了，从此告别了农场。

父亲唯一的期望就是，但愿儿子不会与乡土从此割断联系。

威廉·福特拍了拍儿子的肩头，说了句："好自为之。"

"爸爸，您保重！"福特说。

福特接受聘书的那家电力公司，是爱迪生照明公司底特律分公司，实力很强。公司总部设在纽约，老板是大名鼎鼎的发明大王爱迪生。福特是经一位朋友介绍，被爱迪生照明公司聘用的，月薪45美元。福特愿意加盟爱迪生照明公司，是因为电力在当时是新技术，他想多学点东西，况且工资待遇也不错。当然还有一个原因，就是爱迪生的声誉和人格魅力对他很有吸引力。福特觉得能够在爱迪生的麾下工作，不仅是一种光荣，也是一种缘分。

福特从报刊上读过许多爱迪生的趣闻逸事。他听说爱迪生经常一天连续工作20个小时，因此他的照片有不少是面带倦容的。爱迪生的许多发明都经过成千上万次的失败，都是通过大量艰苦的劳动取得的。他的每项发明都是他心血的结晶。福特对爱迪生很崇拜。

爱迪生生于1847年，也就是福特的祖父带着全家移民美国的那一年，比福特大16岁。爱迪生也是个农家孩子，只接受过三个月的正规教育，但他勤奋好学，勤于思考，从12岁起自谋生计，做过报童、小贩、电报员，凭着为人类造福的梦想和不懈的努力，最后成为大发明家。1879年他发明了电灯，1880年在

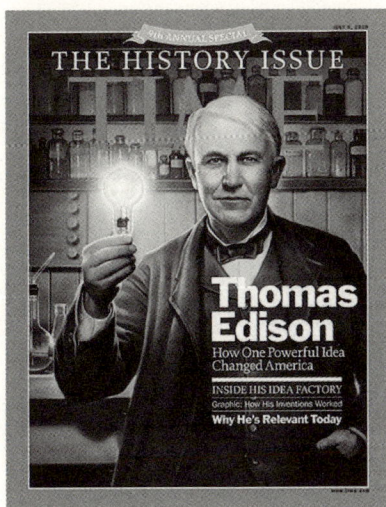

爱迪生发明电灯(《时代周刊》)

门洛公园建立了电灯厂,开始批量生产。同年 12 月 7 日,在纽约成立了爱迪生照明公司,总部设在纽约第五大街。1881 年 6 月,爱迪生为巴黎世界博览会提供了一台可供 1200 只电灯照明的发电设备,重达 27 吨。1882 年 9 月,爱迪生又在纽约珍珠街建成美国第一座中央发电站,并于 1886 年在底特律成立了照明分公司,为本地住宅区供电。爱迪生一生有近 3000 项发明,其中要数留声机、电灯、电影放映机、碱性蓄电池最为著名。他的创造发明掀起了无数次科技革命,给后世留下了宝贵的财富,他因此被誉为"发明大王"。

福特进入爱迪生照明公司后,很想一睹爱迪生的风采,可惜一直没有机会。公司人员告诉他,爱迪生刚买下新泽西州北部塞塞克斯郡的一座矿山,他忙于经营采矿事业,很难有机会来底特律。

福特夫妇刚搬到底特律时,在约翰街租了一间双排屋住下。这里是贫民区,环境嘈杂,房子破旧,住户大多是工人,但房租并不便宜,每月要付 10 美元。

爱迪生位于纽约珍珠大街的发电站(1882 年)

福特在公司里上夜班，从下午 6 点到次日早晨 6 点，任务是负责三台发电机的正常运转，以保障周围住宅区的正常供电。不到一个月，福特就因为表现出色，被公司提拔为工程师。福特给同事的印象是："不爱说话，脾气好，工作勤勉，学习机械技术如饥似渴。"几个星期之后，福特在公司里就出名了，大家称他为"足智多谋"的人物。

有一次在安装新锅炉时，工人们发现地基在塌陷，却找不到原因。福特经过仔细检查后，发现是因地基下的一片流沙引起的。他用楔子把地基撑起来，保障了机器的正常运转。后来，地基又慢慢陷进流沙，他就把楔子一天天地往地基里敲进去一些，以确保地基的水平。

还有一次，底特律一个名叫英格拉姆的制造商的机器坏了，他找了几个工程师都没修好。一个朋友向他推荐说："你去找爱迪生照明公司的福特工程师，他准有办法！"英格拉姆半信半疑，最终还是请来福特帮忙检修。英格拉姆后来回忆说："我一辈子也忘不了当时的情景。福特站在那里一两分钟，嫌听我们述说麻烦，便绕着那台庞大的机器转了一两圈，还在上面捣鼓了一两下，最后走近阀门打开了蒸汽，机器腾的一下就动起来了！"

福特的名声不胫而走，很快在底特律机械行业里传开。1893 年 9 月，福特夫妇搬到百格利大街 58 号，租了半幢两层小楼。福特把后院的小屋改建成一个车间，利用晚上和空闲时间在里面制造汽油发动机。他试用的材料大都是因陋就简的，诸如黄铜片、旧钢管、废蒸汽管等。活塞和活塞环则是动手自制的。福特在里面捣鼓了两个多月，竟然造出了一台四冲程汽油内燃机。

11 月 6 日，福特和克拉拉的独生子埃德塞·福特诞生了。这个小家伙见证了福特自制的汽油发动机的问世，日后他成了福特事业的臂膀，也是福特家族事业的第二代接班人和中流砥柱。

圣诞节前夜，克拉拉正在厨房里准备第二天吃的食物，福特把机器搬进来,固定在洗碗槽旁。他从电灯上引了电线,接在自制的火花塞上,然后吩咐克拉拉把汽油小心地滴进油口。福特转动曲柄,发动机转动起来,洗碗槽和窗户被震得嘎嘎直响。埃德塞正在摇篮里酣睡,震耳的噪音和难闻的汽油味并没有打断小家伙的美梦。

福特的脸上露出了兴奋和喜悦的神色:"这是初步的成功。"他对克拉拉说。

1893年底,福特被任命为爱迪生照明公司的总工程师,月薪90美元。他在公司背后巷子的一间地下室建了一个简陋的车间,在里面对发动机的改进进行研究。经常有朋友来这个地下车间小聚,大家喝咖啡聊天,讨论机械问题,他们也帮福特干活,共同解决各种难题。

KEXUE JUREN DE GUSHI

汽车梦

★ 不用马拉的车
buyongmaladeche

　　19世纪末,随着自行车的发明和技术的成熟,世界上掀起了一股自行车旅行热,当时骑自行车成了一种时尚。居里夫妇1895年新婚时,就是骑着新买的两辆"小皇后"自行车,在法国实现了蜜月旅行。那是新娘在波兰的表哥送给他们的结婚礼物。

形形色色的早期自行车

　　在美国,当时也出现了一股自行车热潮。各种样式的自行车被设计出来,竞相亮相。自行车深受年轻人的欢迎。全美国涌现了数百家自行车商店。当时正热衷于办《晚间新闻》报的莱特兄弟,把印刷厂和报纸卖给了一家通讯社,用这笔资金开办了一家自行车销售和维修店,后改名为"莱特自行车公司"。从此，莱特兄弟从装配、销售自行车起步，开始从事自己梦想的机械事业，后来成为享誉世界的飞机发明家。

福特和莱特兄弟是同时代人，比莱特兄弟中的老大威尔伯·莱特大4岁，他对自行车这种新型的个人交通工具也非常感兴趣。1893年，30岁的福特也赶时髦，买了一辆自行车。他骑着自行车在底特律的大街小巷转悠，非常惬意。他还教克拉拉学会了骑自行车。

福特给这辆新坐骑总结了几大好处，他对克拉拉说："第一，马需要喂饲料，它不需要，对吧！第二，马出行要花费时间套缰绳，它也不需要，对吧！第三，这也是最重要的，马在街上到处拉屎拉尿，自行车一路上干干净净，不留脏痕，对吧！"

"的确是这样。"克拉拉想想，觉得丈夫说得很对。

福特不喜欢马。他曾说："小时候父亲特地安排我照看农场的马匹，我很不喜欢这个活儿，现在也不喜欢。我从来就没有喜欢过马，无法和马交朋友。"前面也曾提到，他在9岁时被马"欺负"过，所以对马没有多少好感。尤其是那个年代，马车是城里的主要交通工具，但也是城市的重要污染源。底特律曾有媒体报道说："马车川流不息，所过之处的街道上，铺满了冒着热气的褐色碎马粪地毯，臭气熏天；空气中尘埃飞扬，数不清的病菌四处飘浮。"有人统计

底特律当时的街景（左下方的白衣人为清理马粪的"白翅膀"志愿者）

过，仅纽约一个城市，马和骡子每天遗留下来的粪便就有 130 万磅（几乎 60 万千克）。底特律的污染情况也很严重，牲口的粪便成为影响居民健康的主要因素。尽管街道有坏卫工人打扫，但也无济于事。有一个当地的环保组织，动员了许多志愿者上街清扫牲口粪便，这些志愿者身穿白色服装，市民们称他们为"白翅膀"。不过，"白翅膀"志愿者也解决不了城市污染的根本问题。

自行车的风行，给都市的男男女女们带来了莫大的便利。这种新型交通工具价格便宜，操作简单，使用方便，非常受欢迎。人们称它为"不吃不喝的小铁马""未来的交通之星"。这股方兴未艾的自行车浪潮，刺激了对遍布各地的乡村公路的改进需求。当时全美大约有 300 多万千米的乡村公路，都是马车道，路面坑坑洼洼，颠簸不平。马车对这种路已经习以为常，但是人们骑着自行车到乡村小游，或是去另一个城市远足旅行，感到极不方便。

正如美国作家理查德·巴克在《福特帝国》一书中所说的："19 世纪 80 年代后期，一场轰轰烈烈的全民自行车运动引发了人们有组织地提出改善路况的要求，而路况的改善又激发了数百名发明家不断开发更先进的自驱动机车，以充分利用公路的优势。"

三十而立的亨利·福特，就在这个时候加入了这项发明的行列。

有一天，福特向克拉拉透露："我正在研究'不用马拉的车'。"

"'不用马拉的车'？你要开自行车商店吗？"克拉拉问。

"不是自行车。"福特郑重其事地说，"自行车虽然好，但只是个人交通工具，它永远取代不了马车。"

"为什么呢？"克拉拉问。

"你想想，自行车没有动力，用脚蹬很费劲，而且速度也有限，载重量又小。骑着它到郊外逛逛倒是不错，但说它是'未来的交通之星'，显然是夸大其词。"

"你说得有道理。"克拉拉认同丈夫的观点。

"那你要发明的'不用马拉的车',是什么样的车呢？"她很好奇。

福特拿起一张乐谱纸，把自己的构想画在纸的背面递给克拉拉。

"你瞧，这就是我的设计。车子像马车那么大，也是四个轮子，但是不用马拉，而是用动力驱动——比如蒸汽机、内燃发动机，或者电瓶什么的。"福特给克拉拉解释道，听他的口气，好像已经琢磨了很久。

"嗬，这么复杂呀！"克拉拉很吃惊。

福特告诉妻子，他在 12 岁时见过一辆用蒸汽机驱动的动力车。那家伙扑哧扑哧地冲过来，虽然有点笨重，但比马车快得多，不需要牲口或者人力带动。当时他就受到极大的震撼，至今仍历历在目。

"那是我生命中的转折点，正是那辆蒸汽机车把我引向了搞创新发明的生涯。"福特感慨道。

福特接着说，后来他给威斯汀豪斯公司当技师，有幸驾驶过类似的机车。威斯汀豪斯公司生产的机车，和尼科尔斯·谢波德公司制造的大同小异，只是锅炉和蒸汽机安放的位置不一样。威斯汀豪斯公司的机车，蒸汽机安在前面，锅炉安在后面，用一条传送带将动力传送到后面。这样的传送方式比较简便，速度达到了每小时 19 千米。用这种蒸汽机车，可以带动拖拉机收割，还可以给谷物脱粒，给农民带来了许多方便。不过福特发现，威斯汀豪斯公司生产的这种机器存在着几个明显的缺点：一是它更适用于收割和脱粒，并不能作为交通工具；二是造价太高，比较昂贵，许多农场主不愿意买；三是机器很庞大，相当笨重，操作起来很不方便。从那时开始，福特就琢磨怎样改进这种机器。他梦想制造一辆能够在马路上奔驰的机车，一种比蒸汽机车还先进、实用的机车。

"这种机车如果问世，起个什么名字呢？"克拉拉饶有兴趣地问。

"法国人把它叫作'汽车'（automobile），这是希腊语和拉丁语的组合，听起来一点也不优雅。"福特若有所思地说，"英国人干脆就称它为'无马之车'

（horseless）。这与我的'不用马拉的车'，倒是不谋而合。"

"我觉得叫'汽车'挺好，这个名字响亮！"克拉拉表态道。

"既然老婆喜欢，那就叫'汽车'吧！"福特呵呵笑道。

★ 汽车的先行者
qichedexianxingzhe

法国是一个浪漫的国度。法国的作家和画家都很富于幻想，下面这幅漫画中的达官贵妇乘坐的就是一辆蒸汽机车。旁边手扶铁铲的人像是一个卖煤的，显然这辆三轮蒸汽机车是靠烧煤驱动的。

其实，早在这幅漫画之前近半个世纪，法国人就发明了真正的三轮蒸汽机车。不过它不是用来兜风的，而是用来运送大炮的。这个发明家名叫尼古拉斯—约瑟夫·居纽，是一名法国的炮兵工程师，大尉军衔。1769 年，居纽经过六年的苦心研究，成功地制造出世界上第一辆用蒸汽驱动的三轮汽车，准备用来牵引大炮。

居纽年轻时曾在德国陆军中担任过技师，由于他刻苦钻研，技术精湛，得到了奥古斯都三世皇帝的赏识，并在他的支持下开始进行研制蒸汽机的工作。1763 年，38 岁的居纽回到法国，担任法国炮兵

法国漫画里的蒸汽机车（1818 年）

居 纽

军官。法国陆军拨出 2 万英镑支持他的研究,这是一笔不小的经费。居纽用了六年时间,在 1769 年研制出世界上第一辆具有使用价值的蒸汽机车。居纽把这辆车叫作"卡布奥雷"。

这是一辆式样很奇特的蒸汽机车,在木制车架上吊装着一个梨形的大锅炉,锅炉后边有两个容积为 50 升的汽缸。锅炉由简单的曲柄把活塞的运动传给前轮,使前轮转动。这辆车长 7.32 米,高 2.2 米,前轮直径 1.28 米,后轮直径 1.50 米。车子前进时靠前轮控制方向。不过因前轮上面压着很重的锅炉,操纵转向杆很费力。这辆蒸汽机车还有一个致命的缺点:每走 15 分钟,锅炉的压力就损耗殆尽,只得停下来加上水再烧开成蒸汽,才能再次运转,车速最快只能达到每小时 3~4.5 千米。

由于方向杆操纵困难,这辆车在试车时不断发生事故。有一次因转弯不及时撞到了兵营的墙上,这也开创了汽车交通事故的先例。这台蒸汽机车因此被撞得七零八落,面目全非,就此寿终正寝。

居纽在失败面前毫不气馁,后来又花费了一年半的时间,于 1771 年研制成功一台更大的蒸汽机车,车身长 7.2 米,宽 2.3 米,有 3 个车轮。车身依然是木质的,不过性能有所改善,速度达到每小时 9.5 千米,可以牵引 4~5 吨的重物。但这辆车没有真正行驶过,现陈列在法国巴黎国家艺术馆。

居纽发明的蒸汽机车虽然没有投入使用,但它是古代陆上交通运输(以人力或畜力为动力)与现代交通运输(用机械动力驱动)的分水岭,具有划时代的意义,居纽因此被公认为发明汽车的先行者。

另一位汽车先行者,是英国发明家特里维西克。特里维西克生于 1771 年,是英格兰康沃尔矿区一个锡矿主的儿子。他接受过良好的教育,从学校毕业后

居纽的蒸汽机车在试车时撞在墙上（素描画）

在康沃尔矿区当工程师。他是一个富有浪漫气质的发明天才,脑子里的主意一个接着一个,有不少奇思妙想都超前了时代。

1801年,特里维西克造出了第一台能在普通路面上开动的蒸汽机车。那一天,他兴致勃勃地邀请了一帮

居纽发明的蒸汽机车

朋友,在康沃尔的坎伯恩路上试车。可惜他的运气不好,机车没跑多远,就掉进一条深沟,并撞断了舵轮,失去控制的机车冲进了附近的一所库房。一位朋友后来透露,为了安慰众人沮丧的心情,特里维西克当时就把那台机车丢在脑后,带着大伙儿到旅馆喝酒吃烧烤去了。结果机车里的水烧干了,锅炉被烧得通红,最后机车和库房里的东西被烧了个精光。

没过多久,特里维西克又造出一辆蒸汽机车,比第一辆机车更大,仍然是在普通路面上行驶。但是这种笨重的机车制动和调速困难,地面不平时会产

福特

特里维西克设计的蒸汽机车（1803年绘画）

生猛烈颠簸，车轮圆周上的摩擦力太大，所以在普通道路上跑起来很难控制，横冲直撞的，简直像魔鬼一样可怕。据说特里维西克用它拖着几节货车经过收费站时，收费员看见一个庞然大物开过来，吓得不敢收钱，大声喊道："魔鬼先生，免费！免费！赶快开过去吧！"

无独有偶，有一个叫默多克的发明家，他是蒸汽机发明家瓦特的助手，也制造了一辆三轮蒸汽小机车。默多克在夜深人静的时候，把机车带到一条僻静的马路上试车。当锅炉里的水沸腾时，机车开始迅猛地飞跑，默多克怎么也追不上。恰巧这时有个神甫路过这里，看见一个黑咕隆咚、呜呜叫的东西迎面而来，料想一定是魔鬼现身，于是大喊："救命呀！救命呀！"人们闻声赶来，才发现了实情。默多克从此获得了一个称呼——"与魔鬼打交道的人"。

特里维西克经过多次试车发现，普通路面难以承受蒸汽机车的重量，于是他想到可以让蒸汽机车在轨道上运行。1804年，特里维西克设计制造出世界上第一辆在轨道上行驶的蒸汽机车，并于同年2月21日，在南威尔士彭尼达伦煤矿的一段马车轨道上成功地进行了试车。特里维西克的这辆机车拉着10吨铁和70个乘客，在这座煤矿的马车轨道上行驶了大约14千米。这次实验是一个重要的分水岭，从此以后，凡是在普通马路上跑的机车叫汽车，而沿着轨道跑的蒸汽机车就是火车。

特里维西克

所以有传记作家称："这是标志火车诞生的历史性时刻。尽管（特里维西克的）这辆机车对路轨来说太重了，使用时间并不长，但却是斯蒂芬孙（火车发明家）后来制造的那种火车头的先驱。"

1825 年，另一个英国发明家斯瓦底·嘉内制造了一辆蒸汽公共汽车，18 座，车速为每小时 19 千米，开始了世界上最早的公共汽车运营。下面这幅画呈现的就是当年斯瓦底·嘉内制造的蒸汽公共汽车。从这幅画可以看出，嘉内制造的蒸汽公共汽车看起来更华丽、更漂亮。蒸汽锅炉安装在汽车的尾部，锅炉上面竖着几根烟囱，很引人注目。街道两边围观的看客，有平民也有贵妇，都在用新奇的目光打量着这辆蒸汽公共汽车。

1834 年，世界上最早的公共汽车运输公司——苏格兰蒸汽汽车运输公司成立了。当时英国爱丁堡市内营运的蒸汽汽车，前面坐着驾驶员，中部可容纳 20~30 名乘客；锅炉位于后部，配有一名司炉员；蒸汽机汽缸位于后轴前方的地板下，以驱动后轮前进。不过，这些车轻则 3~4 吨，重则 10 吨，体积庞大，速度慢，常常压坏路面，引起各种事故，暴露出蒸汽汽车的致命弱点。

就在这时，德

斯瓦底·嘉内制造的蒸汽公共汽车

国人奥托的四冲程内燃机应运而生,为汽车的发明开启了广阔的前景。

★ 奥托、本茨、戴姆勒
aotuobencidaimule

　　奥托,1832 年生于德国的霍兹豪森镇,他很小的时候父亲就去世了。奥托读书用功,成绩优异,但因家境贫困,16 岁便从中学辍学,在镇上的一家杂货店打工。后来他到科隆市谋生,先后当过店员、推销员,积累了不少经商的经验。

　　在奥托 22 岁时, 一篇批评蒸汽机车致命弱点的犀利文章引起了他的关注。这篇文章断言,在马路上轰隆作响、横冲直撞的蒸汽机车,肯定只是昙花一现的匆匆过客。从那时起,奥托对蒸汽机的改造产生了浓厚的兴趣。蒸汽机车的一系列不足,使他立志要发明一种可以取代老式蒸汽机的新型动力设备。他开始刻苦学习机械方面的知识,进行知识储备。

　　1861 年,29 岁的奥托从报纸上看到法国人艾蒂安·勒努瓦制造出第一台实用内燃机的消息,受到很大启发。大约在一年前,法国人勒努瓦用煤气和空气混合气取代往复式蒸汽机的蒸汽,通过电火花点火引燃,制成了二冲程煤气内燃机,并在法国、英国制造了一小批样机。勒努瓦的内燃机以煤气为燃料,比蒸汽机体积小得多,启动也快,因为煤气和空气的混合物一接触火花就燃烧,而蒸汽机锅炉生火烧开水却很缓慢。不过美中不足的是,勒努瓦的内燃机由于没有在引擎内对空气进行压缩,热效率并不高。但它毕竟走出了老式蒸汽机的模式,开启了发动机研制的新路。

　　奥托决心对勒努瓦的内燃机进行改进, 他的设想是要制造一台全新型的内燃机。经过独自钻研，反复实践，奥托提出了内燃机动力方式的四冲程原理。所谓"四冲程"是指内燃机运行的四个过程，包括进气、压缩、膨胀、排气。其具体原理如下：在煤气进入内燃机之前，先与空气混合成一种可燃的混合气体，然后进入汽缸；在汽缸内进行压缩，使其在提高了压力的汽缸内燃烧，使汽缸内温度升高；而后，膨胀了的气体逐步减压到初始状态时的大气压力，并推动气阀运动，由气阀运动产生的能量推动机车的运动；最后，汽缸排出所有的气体。这是第一次对四冲程内燃机原理和特征作出了简单而清楚的概括。后来，人们就把内燃机的四冲程循环称之为"奥托循环"。

1866年2月，奥托制造出一台四冲程引擎工作样机，但它离实用还有距离，尤其是点火装置的难题还未能解决。奥托并不灰心，继续进行研究。

经过十年的不懈努力，1876年5月，奥托终于试制出第一台以煤气为燃料的火花点火式四冲程内燃

奥托纪念邮票

机。这种发动机体积小，重量轻，消耗的煤气少，每分钟可达250转。这是世界上第一台实用的四冲程内燃机，后来以"奥托内燃机"而闻名于世。奥托的发明于1877年8月4日获得专利。在1878年巴黎万国博览会上，奥托的四冲程内燃机获得极高的评价。四冲程引擎的功率和性能具有明显的优越性，它很快得到了人们的认可，顺利地进入市场，并一举成功。十年间，先后销售了3万多台四冲程内燃机，而各种类型的勒努瓦引擎很快被淘汰出局。

奥托当之无愧地以内燃机奠基人载入史册，他的贡献为汽车的发明奠定了基础。在后来发明的汽车中，约有99%用的是以"奥托循环"原理制成的四

冲程发动机。德国曾于1952年、1964年两次发行奥托纪念邮票，以纪念这位伟大的发明家。在美国学者麦克·哈特编著的《影响人类历史进程的100名人排行榜》一书中，奥托被排在第61位。麦克·哈特评

1876年奥托发明的四冲程内燃机

价说："在1876年前即奥托发明引擎之前，要制造实用的汽车几乎是不可能的，而在此之后汽车的发明实际上成了水到渠成之事。"

世界上第一辆汽车是由德国人卡尔·本茨于1886年1月29日发明的。

其实，在本茨之前研制汽车的人并不少。法国报刊早在1863年就报道过雷诺发明的汽车，车速每小时不到8千米，据说该车从巴黎到乔维里波达来回跑了18千米。不过，雷诺的汽车并没有投入使用。

本茨是德国人，1844年出生，父亲是一名火车司机，但在他出生之前父亲因发生事故而去世。本茨读中学时，就对自然科学有浓厚的兴趣。16岁时他进入综合科技学校学习，较为系统地学习了数学、机械原理和发动机制造等课程，为他日后的发展打下了良好的基础。1872年，本茨组建了"铁器铸造公司和机械工场"，专门生产建筑材料。由于当时建筑业不景气，几年间公司经营困难，面临着倒闭的危险。为了摆脱困境，本茨决定生产制造发动机，于是领取了生产奥托四冲程煤气发动机的营业执照。这个重大决定虽然没有给本茨带来商业利益，却导致他走上了发明汽车之路。

经过一年多的研究，1878年，34岁的本茨制造了一台二冲程煤气发动机，

命名为"本茨发动机"。不过,这台发动机的销路并不好,本茨的生活依然很艰苦,但这并没有动摇他研究发动机的决心。又经过六年的努力,他终于研制成功了单缸汽油发动机(用汽油取代煤气作燃料是一大突破),并将它安装在自己设计的三轮车架上。

本 茨

1885年10月,本茨制造的一辆由汽油引擎带动的三轮车实验成功。这辆汽车已具备了现代汽车的一些基本特点,如电点火、水冷循环、钢管车架、钢板弹簧悬挂、后轮驱动、前轮转向和制动手把等。其齿轮齿条转向器是现代汽车转向器的鼻祖。这辆三轮汽车被命名为"本茨1号"。1886年1月29日,本茨获得了三轮汽车专利权。这是世界上第一个"汽车制造专利权"。1886年因此被认为是世界汽车诞生年,1月29日也被认为是世界汽车诞生日。

本茨的汽车最初并不被人接受。由于性能不过关,车子经常熄火抛锚,当时的曼海姆报纸把"本茨1号"贬为无用可笑之物。本茨的夫人为了回击这些人的讥讽,于1888年8月带着两个儿子进行试车,他们从曼海姆出发,途经维斯洛赫添油加水,然后直奔普福尔茨海姆,全程144千米。这次行程为本茨的发明增添了说服力。因此,本茨的夫人是历史上第一位女驾驶员,而维斯洛赫也成为历史上第一

本茨制造的世界第一辆三轮汽车(1886年)

福特

个汽车加油站。

本茨的第一辆三轮汽车是世界上最早的汽车雏形,"本茨1号"现被收藏在德国的奔驰汽车博物馆内。

几乎在本茨制造出第一辆三轮汽车的同时,另一个德国人戴姆勒也发明了世界上第一辆四轮汽车。

戴姆勒1843年出生,父亲是家面包店老板(一说是马车商)。戴姆勒少年时就对燃气发动机产生了浓厚的兴趣,并开始学习研制奥托式燃气发动机。戴姆勒中学毕业后当过制枪匠学徒、机车制造厂厂长,后在一家燃气发动机公司当工程师。1872年,奥托聘请戴姆勒与他的搭档迈巴赫一起到德意志瓦斯发动机公司,协助改进四冲程发动机。十年后,戴姆勒和迈巴赫离开了奥托的公司,自立门户,开始试制汽油内燃机。他们将奥托四冲程内燃机改进后,于1883年推出首部戴姆勒卧式内燃机。1884年他们又推出了性能更好的立式内燃机,取名"立钟",最高转速可达每分钟600转,并于1885年4月3日获得了德国专利。

戴姆勒

1885年,戴姆勒将"立钟"内燃机安装在木制双轮车上,让儿子保罗驾驶。这辆"骑式双轮车"也获得了德国专利,它是世界上第一辆摩托车。

1886年,为了庆祝妻子43岁生日,戴姆勒订购了一辆马车,他在车上安装了汽油内燃机,这样世界上第一辆四轮汽车就诞生了。戴姆勒和迈巴赫开着这辆车成功地奔驰了几千米,车速可达每小时16千米。这标志着人类的汽车时代拉开了序幕。

本茨和戴姆勒两人被后世公认为"汽车之父"。

戴姆勒和儿子驾驶着他发明的汽车（1886年）

★ 美国发明家
meiguofamingjia

美国研究汽车的发明家也不甘落后。

1893年，美国马萨诸塞州的杜里埃兄弟（哥哥叫查尔斯，弟弟叫弗兰克），设计制造了美国第一辆汽油内燃机汽车。杜里埃兄弟花了70美元买来一辆马车，在马车上安装了一台4马力的单缸汽油内燃机和摩擦传动装置。兄弟俩把车子开到了斯普林菲尔德市的大街上，引起了好奇的市民围观。后来这辆车被丢弃在仓库中,直到 1920 年才被找到,现存在美国国家博物馆中,被誉为"美国第一辆汽车"。

1895 年,杜里埃兄弟又制造出第二辆"杜里埃"牌汽车。

这年 11 月举行感恩节活动时,《芝加哥先驱报》主办了首届美国汽车比赛,有 300 辆大小、形状各异的汽车参加了比赛。美国发明汽车的热潮由此可见一斑。比赛当天,天气恶劣,刮着暴风雪,能见度很低,路面也很糟糕。媒体报道称:"有的路段甚至连最健壮的马都望而生畏。"查尔斯驾驶着他们兄弟俩发明的杜里埃汽车,一路领先,用了 10 小时 48 分钟行驶了大约 86 千米,一举夺得冠军,平均时速近 8 千米。而其余大部分参赛车,有的半路抛锚,有的缓缓爬行。查尔斯接受采访时自豪地说:"我们的杜里埃汽车有足够的动力征服任何路况,根本没有必要下车推车,汽车万岁!"

同年,查尔斯和弗兰克两兄弟成立了杜里埃汽车公司。这是美国第一家汽车制造公司,从此开创了美国汽车制造业的历史。1896 年,杜里埃公司采用手工方式制造了 13 辆汽车,是当年美国汽车销售的冠军。杜里埃牌汽车性能优良,在当时很受欢迎。查尔斯和弗兰克两兄弟因制造、销售杜里埃牌汽车获利颇丰,为美国汽车制造业打开了商机。杜里埃兄弟两人因此被尊为"美国汽车之父"。那 13 辆手工汽车自然而然也成了稀世珍宝,存世于今的更是凤毛麟角,弥足珍贵。遗憾的是,

在美国首届汽车比赛中杜里埃汽车夺冠(1895 年)

1898年查尔斯和弗兰克两兄弟因意见不合而分手,杜里埃汽车公司也因此关闭了。

同样是美国的一对兄弟发明家,莱特兄弟也出现过意见分歧。1896年,当汽车浪潮席卷而来时,弟弟奥维尔备受鼓励,打算研制汽车,他预感到将来的世界是汽车的世界。哥哥威尔伯则对研制飞行器更有兴趣,他认为,"发明飞机的前景比研制汽车更有潜力,也更富有挑战性"。两兄弟经过一番辩论,最后威尔伯说服了奥维尔。于是,两兄弟毅然投身到飞行器研究的大军中,最后脱颖而出,成为开创航空新纪元的飞机发明家。

不难想象,如果当初是奥维尔说服了威尔伯,两兄弟转而研制汽车,他们也一定会取得成功,世界汽车发明史上将会增添新的一页。关键是两兄弟拧成一股绳,齐心协力,锲而不舍。

与杜里埃兄弟同时代还有一位美国早期汽车发明家被载入史册,他就是查尔斯·金。查尔斯·金是底特律的一名年轻机械工程师,他制造的汽车使用的是四缸内燃机,在木制的车身上装着铁轮,车重1300磅(相当于590千克)。1896年3月6日深夜,查尔斯·金驾驶着这辆汽车在底特律街道上到处转悠,速度达到每小时10千米。查尔斯·金选择在深夜里试车,是因为白天街上有马车,马容易受惊吓。第二天的《底特律自由新闻报》以"本城第一辆没有马拉的车历史性亮相"为题,对查尔斯·金的壮举作了绘声绘色的报道。查尔斯·金对记者说:"这种'不用马拉的车'在英国已很流行,是贵族的时髦玩意儿。毫无疑问,它很快会在全美国流行开来。我相信,总有一天它会取代马车,成为人们的主要交通工具。"

报纸忽略了一个精彩的细节:在这个里程碑式的夜晚,有一个骑自行车的人,顶着风一直跟在查尔斯·金的汽车后面,他就是亨利·福特。

后来者居上

福特的第一辆汽车

亨利·福特和查尔斯·金是好朋友,福特骑着自行车紧随其后,一方面是为查尔斯·金鼓劲,另一方面是他对此次试车很关注。

查尔斯·金比福特小 5 岁,是名杰出的机械师,他发明的气锤在 1893 年芝加哥博览会上曾赢得大奖。在这次博览会上,查尔斯·金还推出一种铁路机车的刹车装置,很受人们的青睐。查尔斯·金是个发明奇才,气质有点像特斯拉、特里维西克这种人,兴趣广泛,思路敏捷,满脑子都是发明的奇思妙想,他的缺点是多路出击,干事情不专一,因此,他在发明上取得了很多小成就,却总是与大成功擦肩而过。查尔斯·金后来投产了一种"寂寞北方"牌汽车,销路始终不好,"寂寞"了一阵之后,就销声匿迹了。

这下轮到亨利·福特登台亮相了。

福特搞创新发明有两大优势。一是他具有指挥的天才,或者说是具有领袖魅力,别人都很乐意在他的麾下干活。福特在爱迪生照明公司背后的车间里捣鼓发动机时,许多朋友自愿来当帮手,而且干得很卖力。这些朋友都是汽车爱好者。查尔斯·金就是其中一个积极分子,他经常把自己的好点子贡献出来。他和福特友情笃厚,两人从来都不是竞争关系,而是互相激励,互帮互学。福特的第二个优势是他做事情目标专一,锲而不舍。他认准了要研制出"不用马拉的车",就朝着这个目标奋勇向前,不离不弃,因此他最后获得了巨大的成功。

福特的一个朋友施特劳斯技师说:"这个车间原来是地下储藏室,只有四分之一露出地面。亨利经常来这里搞他的发明,大伙儿也常来这里聚会。里面

亨利·福特

有一台小车床，角落里摆放着一些铁件和器材。我们并不是每晚都干活，有时会打闹一番。周末来的人最多，亨利仿佛有一种磁力吸引着大家。说来有趣，当我们在地下室把机器发动起来时，外面就会有许多行人停下脚步，竖起耳朵听，不知道里面在搞什么名堂。"

福特在这个地下车间捣鼓的是汽车发动机。汽车的装配则是在百格利街后院的车间进行的。福特从巴尔和戴兹公司搞来大部分铁件，从威尔森车辆公司弄来座椅，插销、螺钉和螺母则来自斯特莱林格公司，而用来减震的弹簧是从底特律弹簧公司买来的。平衡轮是福特设计好后找人铸出来的，车轮和手柄也是福特自制的。还有点火装置，也出自他灵巧的双手。

为了凑齐这些配件，福特几乎花光了所有的积蓄。克拉拉曾对福特的妹妹玛格丽特说："恐怕这辈子再也不能把存折上的钱弄回来了。"她默默地支持丈夫，尽量节衣缩食，省出钱给福特买零部件。

1896 年 5 月，就在查尔斯·金成功试车两个月后，福特的汽车诞生了。福特和同伴们将它命名为"四轮车"（Quadricycle）。四个轮子为 28 英寸（1 英寸是 2.54 厘米）的自行车轮胎，车轮为辐条式，轮胎是橡胶制的，很耐磨。这辆车的造型质朴结实，看上去一点也不花哨。发动机装在后轮轴的前面，是一台自制的双缸

亨利·福特在百格利街后院的装配车间

四冲程发动机，缸径2.5英寸（大约6厘米），功率为3~4马力。点火系统由缸体上凿洞安上点火器而成。发动机前有一个飞轮和传送带，动力就由这条传送带从发动机传给副轴，再由副轴通过一根链条带动后轮转动。发动机由摇动飞轮发动，还有一个简单的刹车装置，使车子能在空挡时停下来。四轮车总重量大约500磅，比查尔斯·金的样车轻了很多，装有一个容积为3加仑（1加仑大约是4.5升）的汽油箱，但不能倒车。

1896年6月4日清晨，美国汽车史上一个具有重大意义的时刻终于来临。

在百格利街的车间里，福特对四轮车进行了最后调试，一切准备就绪。他和朋友吉姆·比肖伯看看屋外，此时正在下雨，街道上湿漉漉的。

福特正准备把汽车推出门外，却意外发现：车间大门很小，根本无法把汽车推出去。情急之中，福特操起一把铁锤把砖墙砸开，门口扩大了一倍，两人这才把汽车推到门外的巷子里。克拉拉披了件斗篷跟出来，关切地看着丈夫发动汽车。福特设置好阻塞气门，用电瓶接通电流，转动调速轮，发动机啪啪地转动起来。福特爬上车，将离合器挂上低挡，车子开始前行。吉姆·比肖伯骑着自行车，在前面一路吆喝为四轮车开道。福特驾着车从小巷子开到了大街上，行驶到华盛顿大道时，汽车突然抛锚。福特听到发动机熄了火，经检查发现是点火器失灵了。他们很快修好了点火器，重新发动汽车，汽车又奔跑起来。又行驶了一段路程后，两人兴高采烈地把车开回到百格利街。他们小睡了一会儿，吃了克拉拉准备的早餐，然后动身到爱迪生照明公司去上班。

第二天，福特雇了两名砖瓦工

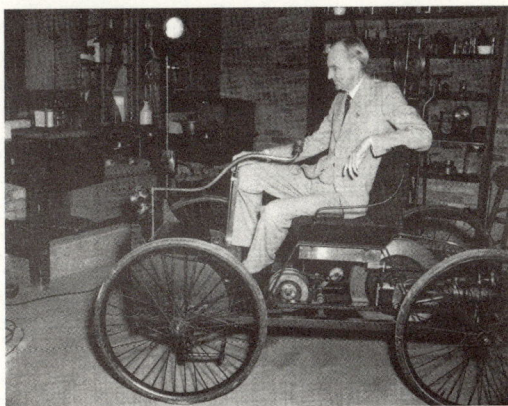
亨利·福特和他的第一辆汽车（1896年）

修理门洞。房东威廉·瑞福德正巧来收房租,看到小屋被砸了个大洞,非常愤怒。

"福特先生,你这是搞什么名堂哦!"

福特连忙赔不是,并说明了事情的原委:"昨天早晨我试驾'不用马拉的车',情况紧急,实属无奈。"

"你是说试驾不用马拉的车?"房东的脸色顿时由阴转晴,饶有兴趣地问,"我能瞧瞧是什么模样吗?"

"当然可以。"福特把房东引进院子里,四轮车正停在一角,福特给他介绍道,"先生你瞧,这就是我发明的'不用马拉的车'。"

"啊?这玩意儿真的能跑吗?"房东瞪圆了双眼。

"跑得飞快,驷马难追!"福特笑眯眯地说。

瑞福德先生突然喊道:"要是把门洞补起来,以后你还怎么把车子推进推出呀?"

"我也正纳闷呢。"福特说。

"我倒有个主意,叫那两个砖瓦工不要修补了。"房东灵机一动说,"让他们装两扇转门吧,这样车子进出就方便啦!"

"这敢情好。"这正中福特下怀。

在接下来的日子里,福特对他的四轮车不断进行改良,然后在大街小巷进行试驾。他成了底特律市民眼里的明星人物。

福特在自传里回忆说:"新鲜事物的出现往往会引来大众的好奇和围观。不论我开着这辆四轮车到哪里,人们都像看马戏团表演一样围得水泄不通。如果一旦停下来,我离开几分钟,总有一些人想要开走我的车。我只好买来一根铁链,把车拴在路边的柱子上。也许是我的汽车太吸引人了,警察也找上门来,原因是我没有驾驶执照。按照他们的要求,我搞到了一张特别通行证。于是，我就成了底特律乃至全美国唯一拥有汽车驾照的人。"

最让福特高兴的是载着家人去兜风。他驾着汽车行驶在乡间的路上，身旁坐着克拉拉和 3 岁的儿子埃德塞。克拉拉总是提醒丈夫"开慢点哦"。被紧紧抱在母亲怀里的埃德塞，则挥舞着双手欢呼道："快！快！快！"

福特感到自己的欢乐和梦想也承载在这辆车上了。

★ 爱迪生的鼓励
aidishengdeguli

1896 年 8 月，福特陪同公司总经理亚历山大·道尔到纽约参加一个电力行业大会。在这次会上，福特有幸见到了仰慕已久的大发明家爱迪生。这次会面对福特来说是莫大的激励，对他的发明生涯产生了重大影响。

会议地点设在曼哈顿海边的东方酒店，与会者都是来自美国各地的爱迪生照明分公司的代表。酒店豪华富丽，宫殿般的大堂，一流的服务，各种佳肴美食，应有尽有。会议日程安排得很紧凑，技术讲座、业绩报告，还有各种招待会。爱迪生是整个电力王国的统帅，福特只是来自底特律分公司的一个小工程师，会议期间，他一直没有机会与爱迪生接触，只有几次在走廊上远远地目睹了大师的风采。

8 月 12 日，即会议的第三天，在酒店的宴会厅举行晚宴，与会者全是电力行业的高层人物，道尔总经理也应邀参加了。福特在道尔的帮助下幸运地搞到了一张邀请函，出席了宴会，他坐在长桌末尾的一端，兴奋而拘谨。

爱迪生就坐在长桌上端的主位上，他系着领结，看上去年近 50 岁，但精力充沛，表情轻松随意。

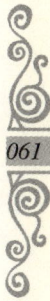

主宾们品尝着葡萄美酒,谈笑风生。席间,有人提到有轨电车蓄电池的充电问题。这时,道尔先生接过话头说:"这位是亨利·福特,他刚发明了一辆'不用马拉的车',也就是汽车。"

道尔先生一面说,一面朝福特点头示意。

福特站起来向大家鞠了一躬,然后款款坐下。他个子修长,举止优雅,给人留下了很好的印象。

"小伙子,你的汽车是怎么开动的?"一个绅士模样的人问。

"用汽油发动机启动。"福特回答说,接着他介绍了四轮车的性能和试车的情况。

爱迪生

爱迪生对汽车的话题很感兴趣,但他有点耳背,于是他旁边的一个人与福特把座位对换,让福特坐到爱迪生身旁来。爱迪生详细询问了他的发明。福特解释说,这是一辆四冲程汽油发动机汽车,并对细节作了说明。

爱迪生对火花塞如何点燃汽缸里的汽油特别有兴趣。福特拿起一支铅笔,在菜单的背面画了一幅示意图递给了爱迪生。

爱迪生点点头,接着又问起一个个细节问题。福特一一画图给他解释,并说自己对某些技术细节还有些把握不住。

待福特回答完后,爱迪生用拳头猛击桌子,大声说:"年轻人,好样的!你的车自成一体,有自己的发动机,不需要锅炉和蒸汽,也不需要充电,唯有汽油!我断定它前途无量,你继续研究下去吧!"

爱迪生的话,让福特受到莫大的鼓舞。当时有许多人对福特用汽油驱动的四轮车并不看好,认为他的研究是白费力气。有人甚至断言,蓄电池会取代汽油发动机。此时此刻，爱迪生却肯定了他的努力。

福特后来回忆说："爱迪生在桌子上砸的那一拳对我来说是无价之宝。以前从来没有人鼓励过我，我一直希望自己是对的，有时我很有信心，可有时又没有多少把握。然而这一回，全世界最伟大的发明家充分地肯定了我的发明！"

福特和爱迪生的这次会面，是他发明生涯的一个转折点。福特更加坚定了研制汽车的决心，从此走上创新之路。爱迪生的组织才能和实干精神，为社会造福和为大众服务的思想，成为福特崇拜和终身学习的榜样。福特说："爱迪生既是个科学家，又极具平常心，是他率先把科学与实际问题相结合。他关心的是如何能让普通人生活得更好。作为一个发明家，他所追求的不是巨大的财富，而是相信能为全人类服务才算伟大。"

在得到心中偶像的鼓励后，福特非常振奋。他回到底特律，第一件事就是告诉妻子克拉拉爱迪生是怎么说的，克拉拉听罢又惊又喜。

"亲爱的，爱迪生可是美国的大英雄啊！"

"我绝不辜负他的鼓励。"

福特决定抓紧时间把第二辆车造出来。于是，他把第一辆样车卖给一个名叫查尔斯·安斯利的熟人，卖价 200 美元。福特后来说："我造第一辆车不是为了卖钱，而是为了做实验。我想造一辆更好的车，安斯利又想买，这笔钱正好可以用来造新车，我们就成交了。"

后来，福特辞去爱迪生照明公司的工作，创建了福

亨利·福特与爱迪生（左）（晚年照片）

特汽车公司,最后成为汽车大王。福特难忘爱迪生的知遇之恩,两人后来成为终身挚友。

☆ 底特律汽车公司
ditelüqichegongsi

福特的第一辆车是一种模型样车,尺寸太小,不适合大规模生产。福特开始试制第二辆车,目标是这种车能够批量生产,并投入使用。

福特又把伙伴们召集起来,一起投入新汽车的攻坚战。幽默风趣的吉姆·比肖伯和乔治·凯托,帮福特干各种机械活;一丝不苟的埃德·赫夫协助福特改进电气系统;新来的戴维·贝尔则包揽了各种金属配件,诸如车轮辐条、转向杆、汽车底盘什么的。福特充分发挥他的指挥才能,用贝尔的话说,"我从来就没有看见福特先生动手做过什么,他只是在那里指指点点,但大伙儿都听他的"。

经过一番精心打造,1897年底,福特的第二辆汽车装配完成。新车安装了黄铜车灯、软座长椅,换上了马力更强的发动机,性能比第一辆车有很大提高。

一位来自丹佛的工程师汉宁顿参观了福特的新车,特地撰写文章,给予高度赞扬。汉宁顿称赞道:"给我印象深刻的是,整车设计非常完美,诸如发动机、冷却箱、化油器和传动系统等,各项性能都很出色。""福特先生的汽车简单,充满力量,一定能被大众接受。"汉宁顿最后说:"我相信对于一部成功的汽车来说,这些都是至关重要的因素。我认为,如果生产这种汽车卖给公众,可以与美国生产的任何一部车相媲美。"

汉宁顿是一名汽车发烧友,又是一个有影响的汽车评论员,他的一番赞美让福特备受鼓舞。"能被大众接受",这正是福特孜孜追求的目标。

一个周末,福特携妻儿驾着新车回迪尔伯恩农场,引起了亲人们的莫大兴趣。玛格丽特描述了福特第一次驾车回家的情景:

那是星期天,亨利带着克拉拉和埃德塞回到农场,把他挂在嘴边的"不用马拉的车"开回来给我们看。我第一次看见车子时,它正从西面沿着福特路开过来,一边轮子顺着农场大车留下的车辙往前走,另一边轮子顺着高出的路中央往前走,车子就这样歪着开过来了。克拉拉、埃德塞和亨利在一起,三人挤在同样歪斜的座位上。亨利和克拉拉对他们的宝贝"不用马拉的车"很自豪,那天亨利让大家都坐上车兜兜风。我记得很清楚,第一次坐车的感觉很特别,速度好像很快,心里含含糊糊地直冒着一个念头:怎么没有马拉的车也能动起来呀?亨利特别喜欢向几个弟弟详细解释车子的机械原理。我能肯定,他也喜欢变着法子吓唬几个妹妹。

据说,年过七旬的老父亲威廉·福特上上下下、仔仔细细地检查了儿子的汽车。他的动作夸张,目光挑剔,最后父亲的一双眼睛里露出了几分赞许。

"他母亲说得对,这小子果然是个天生的机械师!"老人心中感叹道。

不过,当儿子邀请他坐上这辆"不用马拉的车"兜风时,老人却一口拒绝了。

"我可不想让这把老骨头摔得粉碎!"他说。

可以想见,面对儿子发明的这辆"不用马拉的车",威廉·福特的心情是最复杂的,一方面,他为儿子的成就感到高兴;另一方面,他对儿子违背自己的意愿抛弃农场和土地的做法依然耿耿于怀。说穿了,他就是想保持一个父亲最起码的威信和尊严。

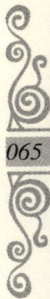

可爱的倔老头!

1899年8月5日,36岁的福特和他的投资者成立了底特律汽车公司。10天之后,福特从爱迪生照明公司辞职,从此将全部精力投入到汽车事业。妻子克拉拉坚定地支持他。爱迪生照明公司总经理亚历山大·道尔对福特的辞职很惋惜,他曾重金挽留福特,但福特去意已决,他只好同意了。

底特律汽车公司总资产15万美元,共有1500股,每股100美元。福特没有出资,而是以技术专长和汽车建造师身份参股,被公司聘为技术总监和总工程师。

其他重要的股东有:底特律市长梅伯里(福特的驾驶特别通行证就是他批准的)、商业巨子威廉·H·墨菲(一位和蔼精明、青睐"不用马拉的车"的小老头)、底特律富豪威廉·C·麦克米伦、大型种子公司老板梅森·费里、木材业巨头托马斯·W·帕尔默、人寿保险公司老板弗兰克·R·阿尔德曼、底特律联合钢铁公司总裁萨福尔德·S·德拉诺、密歇根国家储备银行总裁乔治·佩克(其子巴尔顿是汽车发烧友,也是福特的朋友)。仅看这些人的头衔,就可知道投资者的阵容很强大。媒体报道说:"底特律社区的财界精英们都挺身而出,为制造亨利·福特的'不用马拉的车'解囊投资。"

底特律市的审计官布莱克被任命为公司总裁,阿尔德曼出任公司总经理。但公司真正的操控者是墨菲、麦克米伦和梅伯里三人,他们是董事会的头面人物。福特作为公司的技术总监和总工程师,负责指挥生产。

底特律汽车公司的厂址设在卡斯大道1343号,这是一栋三层砖砌楼房,租期3年。公司开始运转,福特购买了一批设备和工具器材,组织了一个13人的生产班子,他的几个铁哥们如施特劳斯、巴塞尔等都在其中。

8月19日,阿尔德曼在报纸上发表开业声明,宣称:"我们的汽车即将投产! 这种汽车将有许多新的改进,目前正在申请专利。这些改进能使我们生产

创业阶段的亨利·福特

的汽车近乎完美。年底前，我们预计要雇用100~150人。"

可是事与愿违，几个月过去了，福特的生产班子仍然只有13个人。福特的第二辆车销声匿迹，根本没有投产。问题究竟出在哪里，众说纷纭。一种比较可信的说法是，投资者们要求生产一种更大、更高档的汽车，以便高价出售，尽快收回投资。福特只好把第二辆车搁置起来，研发第三种车型。

这辆车造出来了。史蒂芬·沃兹形容说："新车四边高吊，车顶悬突，比前两种车重得多。许多人看了后说它活像一辆送货马车，只是马不见了而已。"媒体倒是很给面子，《新闻论坛》记者在新车试驾的报道中写道："真是一次震撼人心之旅！这是底特律汽车公司制造出的第一辆车。当把它开回卡斯大道工厂时，车子就像一抹阳光一样掠过。"

尽管有记者的生花妙笔捧场，但客户并不买账。福特的这种新型车并没有多少优点，缺陷倒是很明显：一是车子很大，又笨又重，说它像"送货马车"完全没错；二是车子的一些零部件不是本厂自制的，而是东拼西凑的，致使新车性能不稳，经常中途抛锚或难以启动。

福特的设计理念是制造轻便、结实、灵巧的汽车。这款"送货马车"，他压根不喜欢，只不过是为了迎合那些股东的胃口而已。新车没有销路，公司的财务状况遇到了麻烦。董事会要求福特限期研发出改进的车型，以便尽快摆脱困境。福特愤懑地说："那些董事们急功近利，兴趣只在来钱快上，而不是造出好汽车。"

1900年11月，福特辞去了底特律汽车公司的职务，他决定"再也不受别人的指挥了"。底特律汽车公司是福特人生旅途中的一站,也是他职业生涯的一个演练场。不久,底特律汽车公司也解散了。

★ 赛车冠军
saicheguanjun

福特遭受的挫折,只是美国方兴未艾的汽车大潮中的一朵小浪花。

据理查德·巴克在《福特帝国》中的统计资料显示:1900年,全美国共有1800万匹马,而汽车只有8000辆。"尽管如此,汽车时代不可阻挡地到来了,马最终给汽车让了道。1900年,美国有72家汽车公司,在接下来的三年里,又接连冒出来142家。尽管许多公司很快就关门了,但是这么多人参与到汽车工业中,这本身就给社会经济带来了新的浪潮,改变了人们固守了很多年的农业社会的思维和文化。"

作为新浪潮中的一个弄潮儿,福特呛了几口水,但并没有气馁。福特总结失败的教训,决定另辟蹊径,寻找突破口。他对一如既往支持他的妻子说:"不创新,就灭亡。"

很快,福特想出一个两全其美的计划,就是驾驶自己制造的汽车参加全国汽车比赛并且拿到奖。这样既可造出更好的汽车,又能扩大宣传,还能争取到资金的支持。于是,福特决心制造一辆"世界上速度最快的汽车"。

1901年夏天,福特的第一辆赛车造出来了。这辆新车耗资5000美元,采用双缸发动机,最大功率是26马力,车身轻,速度惊人。也许是想让对手闻风丧胆,福特给它取了个骇人的名字"骷髅车"。福特驾驶它进行了多次训练,直到完全掌握了赛车的性能。

亨利·福特的第一辆赛车"骷髅车"（1901年）

1901 年 12 月 1 日，在底特律郊外的克罗斯体育场举行了一场激动人心的汽车比赛。全美赛车冠军温顿接受福特的挑战，两人进行角逐，有 8000 名观众观看了这场比赛。温顿的流线型赛车"炮弹"造型漂亮，战果辉煌，曾多次打破纪录。福特的"骷髅车"却其貌不扬，有点另类。

待发令枪一响，温顿驾着"炮弹"如利箭离弦，刷地冲了出去。福特驾驶的"骷髅车"起步稍觉迟钝，在转弯处晃动得厉害，但一旦驶上直路，福特的"骷髅车"则风驰电掣，锐不可当，很快就超过了温顿的"炮弹"。赛场的观众席上顿时欢声雷动。福特仅用 1 分 1 秒 20 的时间跑完了 800 米的距离，最后夺得冠军，并赢得 1000 美元奖金。这场赛车比赛让福特名利双收，他不仅尝到了胜利的滋味，而且还吸引了许多老板慕名前来，找福特商议投资汽车的事宜。

1902 年，福特和合伙人汤姆·库柏联手又造出两辆性能更好的赛车。这对双胞胎汽车，用的发动机是超强功率的四个汽缸 80 马力。车身长近 10 英尺（约 3 米），宽 5 英尺（约 1.5 米），前轮轮距 34 英寸（约 86 厘米），后轮轮距 36 英寸（约 91 厘米）。据说赛车启动时，火花迸发，异常震撼。按照福特在自传里的说法："发动机发出轰隆隆的响声，足以把人吓个半死。"福特把黄色赛车命名为 999 号，把红色赛车命名为"飞箭号"。"骷髅车"是福特的秘密武器，所以名字也取得怪怪的。而这两辆赛车是福特堂而皇之的作品，因此名号很大气，颇有王者风范。

亨利·福特的 999 号赛车

不过，这两辆赛车实在是太厉害了，福特和库柏谁都不敢贸然驾着它们去参加比赛。库柏是个帅哥，很富有。他本是一位世界自行车冠军，也是这两辆赛车的投资人，但对于能否驾驭这两个庞然大物，却缺少足够的自信。福特曾经动过心，但妻子克拉拉坚决反对。幸好盐湖城有一个不怕死的自行车赛车顶级高手，名叫巴尼·奥德菲尔，当时 24 岁，他宣称自己是"一个为速度而存在的人"。他听说福特造出两辆像闪电一般快的赛车，受到莫大的诱惑，主动前来要求试驾福特的赛车。

"我想看看它究竟有多快！"奥德菲尔说。

"你驾驶过汽车吗？"福特问他。

"没有。"小伙子回答道，"但是一个自行车赛车手是不会被速度吓倒的。"

"那你先学驾驶吧。"福特同意他留下，但是必须先学会开车。

大赛已迫在眉睫。这是一场 8000 米的特别挑战赛，对手还是亚历山大·温顿。但这一回是温顿挑战福特，显然是要报两年前的"一箭之仇"。奥德菲尔不

福特（右）和他的"飞箭号"赛车，驾驶员是奥德菲尔

愧是个勇士,他只仓促地学开了一周车,就冒着生命危险上场了。

1902 年 10 月 25 日,大赛如期举行。赛车启动前一刻,奥德菲尔神色庄严地对福特说:"这辆车很有可能把我载入地狱,但是在我绕过赛场的白色围栏时,人们会欢呼说:'奥德菲尔,你就像驾着车子在空中飞。'那是我最想听到的赞美。"说罢,奥德菲尔驾驶着 999 号赛车开上了赛车道。他紧盯着前方,一路狂奔,风驰电掣,把温顿远远地抛在后面。8000 米的距离,他只用了 5 分 28 秒。真是不可思议!最后,终点的枪声响起,奥德菲尔的 999 号赛车一举夺魁,并且打破了世界纪录。观众的欢呼声从四面八方响起,福特和库柏激动得跳了起来。

第二天,福特和他的赛车传遍了全美国,他被媒体誉为"飞人"和"汽车英雄"。他凭着自己的智慧和执着,终于打下了美国汽车产业的一片天地。耐人寻味的是,福特不是世界上第一辆汽车的发明人,也不是美国第一辆汽车的发明人,虽然只是个后来者,但是他后来居上。

所以,永远不要说:"别人已经把什么都发明出来了,我能干什么呢?"常言道:"英雄不问出处。"这里还可以再加上一句:"发明不在先后。"

为平民大众造车

福特汽车公司

futeqichegongsi

999 号赛车一举夺魁,成了轰动美国汽车界的重大事件。1903 年 6 月 16 日,精明的福特趁热打铁,不失时机地成立了福特汽车公司。

福特在自传中说:"巴尼·奥德菲尔的胜利为我的汽车做了一次极有吸引力的广告。趁着这股余热,我在兴奋之中利用一个星期左右的时间成立了福特汽车公司。由于还有诸多的不完善,我一个人兼任多职,既是公司的副董事长,也是设计师、机械师、总监和总经理。"

福特汽车公司的总资本是 10 万美元(共 1000 股,每股 100 美元),福特投资 2.55 万美元,占 25.5% 的股份,他的新合伙人亚历山大·梅肯森也拥有 25.5% 的股份,两人的股份之和达到 51% 的控股数。公司总共有 12 个股东,其

福特汽车公司

福特标志

余的股份由另外 10 个投资者拥有，他们当中有银行家、工程承包商、兵器制造公司总裁、发动机厂老板、汽车销售商、律师等。据说在最后一刻，还有一位有钱的医生也想参股，但被福特拒绝了。福特有点忌讳"13"这个数字，担心公司会不吉利。

梅肯森担任公司董事长，他是苏格兰人，从底层创业发家致富，是底特律最大的煤炭商。梅肯森是一个精明能干的商人，富有冒险精神，对汽车这个新兴产业的前景很看好。

公司聘请了一名工程师契尔德·威尔斯和一名企业管理人员库森斯，并雇用了 10 名工人。库森斯是一个难得的管理人才，善于营销和做广告。威尔斯曾协助福特研制 999 号赛车，经验丰富，技术水平高。他加盟福特汽车公司后，帮助福特开发新 A 型车的原型车，并模仿福特的签名设计出福特公司蓝底白字的品牌标志。亨利·福特很喜欢小动物，所以威尔斯把福特的英文（ford）画成一只小白兔模样的图案。这个著名标志一直沿用至今。

在投产的第一年，公司推出了 A 型敞篷车。这种车采用双缸 8 马力发动机，发动机由链条传动，轴承长 72 英寸（相当于 1.8 米），油缸储量为 5 加仑（约 23 升）。

福特早期生产的 A 型敞篷车

车子的时速最高达 48 千米,售价每辆 850 美元至 950 美元。公司生产了很多款 A 型车,每一款都有自己的特点,如有的车在后面多出一个座位,有的没有。

为了促销 A 型敞篷车,福特公司在广告中特别强调车子的实用性,这也体现了福特的设计理念。在公司的一份广告策划书中写道:"我们的宗旨是,制造并销售一款特别设计的耐磨抗损的汽车——它可以作为商业用车、职业用车和家庭用车。这种汽车拥有大众所满意的快速,同时又避免了被人们指责的危险的高速。它的结构紧凑简单,设计安全舒适,再加上特别合理的价格,所有这一切会使它受到男女老幼的喜爱。"

以下是 A 型车的宣传广告,在时尚和亲切之中透出的也是实用性。

只要你合理地匀出一部分钱,不需要太多,你就可以拥有一辆舒适、漂亮的福特汽车。它会给你的生活带来方便,它会消除你生活中的许多顾虑,它也是你休闲旅游的最佳伴侣。

它会使你的时间安排更有规律。

它会让你的生活变得随时有把握。

福特汽车会让你随心所欲地到达任何一个地方,随时为你效劳。

……

选择了福特就是选择了速度。

如果你想徜徉于绿荫之下,那么你可以在踩下油门的一瞬间在大路上呼啸而过。

由于定位准确,价格适中,促销宣传成功,A 型敞篷车卖得很好。营业仅九个半月,就卖出 658 辆,净利润 98800 美元,投资回报率高达 350%。随后的三个月,销量猛增到 1100 辆以上。公司的订单还在继续增加,公司员工随之增加

了4倍,工厂的规模也不断扩大。

但是在经营方针上,福特和亚历山大·梅肯森发生了严重分歧。总经理兼副董事长亨利·福特一直想生产价廉的汽车,但董事长亚历山大·梅肯森却主张生产体积更大、功率更强的汽车,以高价格赚取利润。在梅肯森的坚持下,福特和威尔斯设计了一款大型6缸旅行车,时速96千米。但因售价太高(2500美元),这辆K型车无人问津。而梅肯森仍然固执己见,一意孤行。究竟是生产小型车还是大型车?是生产大众普及型车还是高档车?在公司的发展方向上,福特和梅肯森的分歧愈演愈烈,已经到了不可调和的地步。

福特公司成立之初,福特只是想运作一个"自己的股权少于控股权的公司",但在这时福特意识到自己必须拥有控股权。只有这样,他的设计理念和为大众造车的理想才可能实现。好在福特公司运行得很好,获利丰厚,于是福特决定把自己赚的钱用来购买公司的股份。1906年7月,福特买下了梅肯森的全部股票,共255股,出资17.5万美元,福特的股权由25.5%变成了51%,这使他最终掌握了福特汽车公司的控股权。到了1907年,福特拥有的股份已增加到58%。

汽车新贵亨利·福特羽翼渐丰,决定大展宏图,实现自己为大众造车的理想。他庄重地宣称:

　　我要为大众造车,它一定要足够大,一家人都能坐进去;但也要小巧,这样驾驶它就不需要太多技巧;它的重量一定要很轻,这样维修起来会比较经济;它的设计要简单,全部使用上好的材料;我要雇用最好的工人从事生产。尽管如此,它的价格一定要低,普通人都能买得起,并和家人一起享受上帝赐予的美好的大千世界。

★ T型车神话

Txingcheshenhua

1908年10月，福特汽车公司的T型车隆重上市。

福特汽车公司自成立以来，亨利·福特和他的助手们共研制了19款不同的汽车，并按字母顺序将它们命名为A型车到S型车，其中大部分只是实验性车型，从未向公众推出。有的是2个或4个汽缸，有一辆拥有6个汽缸（即那款K型车）；有的使用链式传动装置，有的则是轮式传动装置。这些汽车最终成了T型车的技术基础。

T型车于1908年10月1日推出，很快就让成千上万的美国人着了迷。

"没有一辆2000美元以下的车能有如此多的功能！"——这条雷人的广告登出的第二天，公司就收到上百封询问详情的信件。T型车最初售价850元，预订车需先付款，要求买车的订单像雪片般飞来。T型车上市的第一年，就售出10660辆，销售额达到900万美元，创造了美国汽车业销售的奇迹。福特汽车公司一跃登上了美国汽车工业的首席宝座。1914年，福特公司名列全美企业的第6位，汽车产量占全美汽车总产量的一半，员工人数达到1.3万，生

1908年福特T型车问世

产量相当于其他近 300 家汽车公司 6.6 万员工所制造的汽车量的总和。到第一次世界大战结束时，福特汽车公司已经控制了北美乃至世界各地的汽车市场，全球几乎有一半汽车是福特 T 型车。

随着产量的增长和不断的改良，T 型车的价格也不断下降，到 1924 年降到每辆 260 美元。到 1927 年最终关闭 T 型车生产线时，福特公司总共生产了 1500 万辆 T 型车，在世界汽车史上留下了辉煌的一笔。

T 型车之所以深受欢迎，是因为它性能优良，价格便宜，是一款真正的"大众普及车型"，普通收入的美国民众都能买得起。T 型车的结构为独立悬架，钢制车身，整体式车轿，两挡变速。采用直列 4 缸发动机，每分钟 1800 转时输出 22 马力，最高车速每小时 72 千米。T 型车采用高车轴和三点悬挂系统，使它能在坑坑洼洼的道路上行驶（当时的路况大都如此），这保证了它能在美国几乎所有的公路上畅通无阻。T 型车的设计有许多创新，例如第一次将发动机汽缸体和曲轴箱做成单一铸件，第一次使用可拿掉的汽缸盖以利检修，第一次大量使用轻质耐用的钒钢合金。此外，T 型车采用灵巧的"行星"齿轮变速器，让新手也能轻松自如地换挡；再如方向盘左置，使乘客出入更方便。这些创新和改良，加上 T 型车所固有的价值，使它成为可靠、便宜的交通象征。

T 型车改变了美国人的生活方式，它成了一种时尚。

在相当长的岁月里，T 型车成了著名影星最青睐的汽车，也是好莱坞一些无声电影中的汽车明星。T 型车的魅力使它成为民谣、笑话、谜语、流行歌曲、明信片的主题。T 型车成了全美国人的宠儿，人们亲昵地称它为"廉价的小车""轻便的小车"。媒体也竞相追捧，称 T 型车是"国家的吉祥物"。甚至还有报纸用各种动物的特性来盛赞 T 型车，说它兼有骡子的顽强、骆驼的耐力和猎犬的勇猛等。

福特本人也把 T 型车当作一张名片。他把 T 型车当作礼品馈赠重要嘉宾

T型车结构模型（福特博物馆藏）

或特别友人，他将一辆T型车送给了友情笃厚的博物学家约翰·巴罗斯，还将一辆送给了他的偶像爱迪生。爱迪生当时因西奥兰治实验室失火，遭受意外损失。福特立即借给爱迪生100万美元，帮他渡过难关，并请爱迪生为福特车研制一种点火电池，从此汽车发动时不再需要转动曲柄。

T型车的颜色最初有两种：一种是灰色敞篷车，一种是红色旅行车，后来统一为苏格兰啤酒绿及红色内饰。自1914年之后，所有的T型车一律采用黑色。黑色不仅庄重简洁，还有一大优点就是黑色漆干得快，更适宜流水线生产。

T型车的最大卖点，就是轻便、结实、耐用。任何人只要手里有螺丝钳、锤子和螺丝刀，自己就能解决T型车的大部分问题。更换零件也很方便，在五金店和福特汽车各个代理商处都能买到，而且售价大部分都不到10美分。

T型车还有一个优点，就是经济实用、功能众多。这使T型车不仅成为城里人的宠儿，在农村也深受欢迎。农民只要把T型车后部顶起来，拆掉一个轮胎，在车轴上连接一个设备，就可以用来做锯木头、榨汁或者抽水这样的活儿。福特曾在农场里生活过多年，他懂得农民的甘苦和需求，因此在T型车的设计中充分考虑了这些因素。在1912年的T型车广告中，这样写道："农民的钱来之不易，他们太辛苦了。要让美国农民掏腰包不容易，然而现在有超过半数

福特

亨利·福特和他的 T 型车

的福特 T 型车都被他们骄傲而快乐地拥有！"

可惜福特的父亲威廉·福特这时已经去世，没有看到这一天。不然的话，老人一定也是 T 型车的粉丝和拥趸。

理查德·巴克在《福特帝国》中，描绘了宾夕法尼亚州布鲁斯堡小镇因 T 型车的出现而发生的变化。该镇的居民约有 4000 人，过去是个沉闷的地方，人们年复一年地种植麦子、玉米以及其他可食用的农作物，马匹是家里的重要成员。一个代销 T 型车的服装店老板豪斯尼克说：

T 型车出现了，我们的生活开始变得丰富多彩。

我们在服装店把一些车卖给了医生、邮差和教师。邮差们开始开车送信，他们轻松地开过坑坑洼洼的路面，那种感觉就像破冰前行。起初，来买车的农民寥寥无几，他们不愿意用任何东西取代他们心爱的马匹。我向他们宣传说，汽车在静止时是不需要任何"食物"的。我们还专门开着车到耕地附近转悠，让农民们开开眼。

很快，一些农民就购买了汽车。到 1914 年，布鲁斯堡的生活节奏变快了。人们发现 T 型车很容易驾驶，大多数人都学会了开车。而且 T 型车很便宜，许多人都买得起。T 型车也是针对当时的路况设计的，人们的眼界因此变宽了。城市居民可以去更远的地方，办事效率变高了，一天内能做很多事情。农民去城里的次数也增多了，也能在城里转悠了。

T型车给人们带来的经济效益是一场温和的变革。过去哥伦比亚县的农民用马车把一车麦子或玉米运到市场需要一整天的时间，而现在开车一天能跑五六趟，后来又用上了福特卡车。因此，他们就种植更多的粮食，销量也比以前多了很多。这又相应地促进了零售店的繁荣，刺激了城市的发展。而交通的便捷给生意人带来了更多的顾客，城市的街道越建越多，人口也逐渐增多了。

T型车的成功，是福特一生事业的巅峰。对福特来说，T型车不仅是一辆汽车，更是一种理想、一种福特所追求的"为平民大众造车"理念的最佳体现。

★ 第一条流水生产线
diyitiaoliushuishengchanxian

福特的梦想是让汽车成为大众化的交通工具，所以提高生产速度和生产效率是关键。只有降低成本，才能降低价格，普通百姓才能买得起汽车。

雄心勃勃的亨利·福特

福特在自传中说："我一直反对生产汽车行业所谓的豪华车，它们偏离了经商的初衷，即为大众服务。我逆潮流而动，勇敢地向全世界宣布：福特的宗旨是为大众服务，而并非有钱人，我们的目标就是保证大众买得起车。本着物优价廉的原则，我们生产的汽车不仅便宜，而且有安全保障，力求让所有人都能够在新时代享受科技进步带来的福音。"

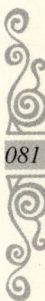

为了实现这一目标,福特将流动式生产线引入汽车制造业,并于1913年4月1日在高地园福特汽车厂开发出世界上第一条流水生产线,缔造了一个至今仍未被打破的世界纪录。高地园位于底特律市中心以北几千米的地方,原是一块占地面积60英亩(约24万平方米)的旧赛马场。1910年福特在这里建起了汽车装配厂,由著名设计师德裔犹太人卡恩设计。厂房是一座四层钢筋混凝土大楼,墙面用了5万平方英尺(约4500平方米)玻璃,被称为"水晶宫"。高地园汽车厂投产的当年就生产出19000辆T型车。两年后,产量翻了两番多,达到78611辆,但T型车仍然供不应求。1913年在这里首次使用流水生产线后,共有183000辆T型车下线。

在央视纪录片《大国崛起》中有这样一段解说词:"1913年8月一个炎热的早晨,当工人们第一次把零件安装在缓缓移动的汽车车身上时,标准化、流水线和科学管理融为一体的现代大规模生产就此开始了。犹如第一次工业革命时期诞生了现代意义的工厂,福特的这一创造成为人类生产方式变革进程中的又一个里程碑。每一天,都有大量的煤、铁、砂子和橡胶从流水线的一头运进去,有2500辆T型车从另一头运出来。在这座大工厂里,有多达8万人在这里工作。1924年,第1000万辆T型汽车正式下线,售价从最初的800美元降到了260美元。汽车开始进入美国的千家万户。"

福特在高地园工厂推出的全球第一条流水生产线,不仅是对汽车制造业的伟大创新,也是福特对全

T型车装配线:世界上第一条流水生产线(1913年)

球制造业最伟大的贡献。流水线彻底改变了汽车的生产方式，同时也成为现代工业的基本生产方式。如今时间过去了 100 多年，流水线仍然是小到儿童玩具、大到重型卡车的基本生产方式。

流水生产线的想法，来自芝加哥食品包装厂用来加工牛排的空中滑轮。福特有一次偶然看见底特律乡下屠宰场的吊装分割，从中受到了启发。在这之前，汽车生产、组装是"车不动人动"，几名熟练的技工围着一辆车敲敲打打，要捣鼓半天才能完工。福特彻底改变了汽车生产方式，研制了一种类似屠宰场的悬空吊链，把组装改为"人不动车动"，半成品的汽车沿着吊链滑行，每完成一道工序，吊链就吊着汽车往前滑行一段距离。这一改革将高级技工的经验与组装技艺分解了，变成了每个人只需负责一小部分的简单工种。

福特工厂最先用流水线装配的是底盘，很快，整车都在流水线上装配了。流水线是把一个重复的过程分为若干个子过程，每个子过程可以和其他子过程并行运作。福特的流水线把装配汽车的零件装在敞口箱里，放在输送带上送到技工面前，工人只需站在输送带两边就能拿到零件，节省了来往取零件的时间，工人只需负责装配部分零件，这样装配速度自然加快了。T 型车流水生产线，将原来涉及 3000 个组装部件的工序简化为 84 道工序。新的生产工序为汽车的批量生产带来了革命性的进步，最终，每辆 T 型汽车的组装时间由原来的 12 小时 28 分钟缩短至 93 分钟。

有两位名叫阿诺德和弗洛特的著名机械技术专家，慕名前来高地园福特工厂访问。他们参观了流水生产线后赞叹道：

福特公司的底盘流水生产线使所有观众大开眼界，专业人士或非专业人士都一样。一条条长长的装配线缓慢地向前移动，一组组工人在各自岗位上忙碌着。随着工人头顶上传送过来的材料一步步地

加装,底盘眼睁睁地越长越大,最后腾的一下发动起来,一部新车就诞生了。这个创造过程把各种因素相聚于一身,看上去既新奇又生动,所有人初次观看都兴趣盎然,钦佩不已。

工人在流水生产线上工作

媒体记者对福特的流水生产线也竞相报道,赞誉有加。艾奥瓦州《洲际驾驶员》杂志称赞福特的流水生产线:"不仅是人们的理想,简直是一种奇迹!"爱达荷州的《新闻》杂志记者则称:"我在福特工厂看到的景象,比尼亚加拉大瀑布还要壮观!"休斯敦《编年史报》报道说,一位参观者在现场形容道:"我就像看到一只孵化器孵出了一大群小鸡来。"

由于采用了高效的流水线生产作业,汽车生产所需的时间、成本和人力大幅下降。福特把汽车的价格削减了一半,降至每辆300美元以下。1914年,一个工人工作不到四个月就可以买一辆T型车。随着工艺的不断改进,福特工厂每24秒钟就能生产一辆T型车。到1927年,福特在全球售出的汽车超过了1500万辆,占当时全球汽车销售总量的50%。

汽车生产流水线以标准化、大批量生产来降低生产成本、提高生产效率的方式适应了美国当时的国情,汽车工业迅速成为美国的一大支柱产业。可以毫不夸张地说,福特流水生产线彻底改变了美国人的生活方式,让美国成为一个装在车轮上的国家。同时,它也孕育了现代管理科学,让企业管理成为一门真正的学科。

日薪 5 美元

rixin5meiyuan

在引入流水生产线这一伟大创举的第二年,福特又做出一个惊人之举。

1914 年 1 月 5 日,福特宣布福特汽车公司的最低日薪为 5 美元,这一举措震惊了全世界。

1 月 5 日清晨,福特在高地园工厂办公室举行新闻发布会,郑重宣布福特汽车公司将于 1 月 12 日起实行最低日薪为 5 美元——几乎两倍于当时的最低日薪。这个消息立即引起了轰动。

新闻发布会开始,由公司财务总监詹姆斯·库森斯宣读了一份福特汽车公司两页纸的声明。库森斯的第一句话如石破天惊:"福特汽车公司作为全球最大同时也是最成功的汽车制造公司,将于 1 月 12 日起开创汽车工业界工人薪酬制度最伟大的变革。"

云集在办公室的底特律报界和全国各大报社的记者,个个目瞪口呆,震惊不已。福特表情平静地站在一旁,眼望着窗外。

库森斯逐字逐句地宣读着声明:

首先,工人的劳动时间从 9 小时缩短为 8 小时,而且,每名工人都将获得公司利润的分成。年满 22 周岁的工人最低日工资为 5 美元。现在的最低工资为 9 小时 2.34 美元。

工厂现在实行的是 9 小时两班倒工作制,以后将会改为三班倒,每班工作时间为 8 小时。公司目前共有 15000 名工人,我们将会再雇

用四五千名工人。现在每天工作 9 小时只拿 2.34 美元的工人，今后每天只需工作 8 小时，而工资至少为 5 美元。

所有年满 22 周岁的工人都适用这个标准，无论他从事何工种。18 周岁至 22 周岁之间的年轻人要想获得利润分成，必须做到节制、节约、沉稳、勤劳，让主管和其他工人满意，而且不会把工资滥用在放纵的生活上。

需要养家、家有寡母和弟弟妹妹的年轻工人的待遇，与 22 周岁以上的工人待遇等同。

预计将有超过 1000 万美元分配给工人。

库森斯的话音刚落，会议室里就像炸开了锅。记者们纷纷举手，向福特提问。

"亨利·福特先生，福特汽车公司真的要实行日工资 5 美元吗？"

"是的。"福特明确回答，"这是我们经过深思熟虑作出的决定。"

"亨利·福特先生，请问您为什么要实行这个薪酬制度的变革？"

福特说："作为领导者，雇主的目标应该是同行业的任何一家企业都能给工人更高的工资。正当的工资不是一个人愿意获得的最低数额，而是劳动力的购买者能够支持的最高工资数。"

"亨利·福特先生，您能说得再明白一点吗？"

"我说得够明白了。"福特微笑道，"这是利润分享。在汽车制造业得到大规模发展的今天，参与制造汽车的工人有权得到更高的工资和更好的工作条件。"

简短的对话之后，记者们蜂拥着冲出办公室，抢在当天报纸最后发稿之前把报道发出去。亨利·福特推出具有时代意义的薪酬改革措施的消息，迅速传遍美国，甚至全世界。

底特律《纪事报》头版头条报道:《亨利·福特在 1914 年的年利润中拿出 1000 万美元犒劳他的员工》。

纽约《太阳报》称:"亨利·福特给 26000 名员工带来了惊喜和快乐!"

底特律《自由报》宣布:"新工业时代以福特与劳动者分享利益为标志。"

《汽车世界》以通栏标题报道:《亨利·福特又一次震撼了世界》。

艾奥瓦州《门户之城》欢呼:"福特工厂有颗世纪良心。"

圣路易斯《邮政快报》则说:"那位叫福特的疯子现在要掏出成百上千万的美金啦!"

据报道,福特"利润分享"的宣言立即引起了全美各界暴风雨般的反响。不到一个星期,公司招聘办公室就收到 1.4 万封求职信。从 1 月 6 日凌晨开始,上万名求职者便闻风而来。在南方长期受到不公正待遇的黑人,风闻在福特汽车公司可以获得和白人一样的日薪 5 美元,备受鼓舞,许多黑人开始向底特律迁徙,他们谱写了无数的蓝调来歌颂福特:"我要去底特律,去找一个叫福特的人,找一份好工作,不再挨饿!"来自全美各地,准确地说是世界各地的工人开始进入福特公司。缩短工时以及增加倒班开放的 4000 个岗位空缺,很快就被填满了。

1914 年 7 月,继福特公司推出与员工的"利润分享"计划后,公司又宣布在福特公司售出的 30 万辆汽车中,每个购车者都可分享到 50 美元的利润。这两大利润分享计划,把生

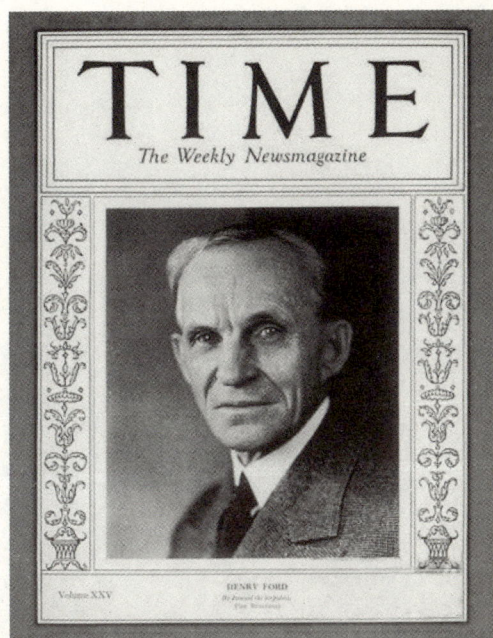

亨利·福特被登在《时代周刊》封面(1935 年 1 月)

产者和消费者紧密地结合在一起。虽然看起来福特公司损失了一部分利润,但是这个以宽厚战略取胜的经济方案,成效非常显著。福特公司的员工倍加珍惜自己的工作机会,不敢在工作中出任何差错,否则再难找到这样的"金饭碗"。

据统计,在实施"利润分享"之前,福特汽车公司的员工流动率高达380%,而在5美元新政实施之后,员工的流动率降低了90%,旷工率更是从10%降到了0.3%。福特的5美元改革,极大地增强了员工的归属感。工人们开始以在福特公司工作为荣,在休息日还要将公司的徽章别在领带上,走在街上都会引来羡慕的目光。对此,美国的媒体感叹道:5美元引起了一场全国性的人口大迁移。找工作的人在福特公司门前排起了看不到尽头的长队,更令福特惊喜的是,越来越多的优秀技术人员和熟练工人被吸纳进厂。

让福特始料未及的是,加薪造就了有购买力的中产阶级,从而带来了美国的繁荣。福特的初衷是,如果连生产汽车的人都买不起汽车,还指望谁来买?如果没有人买得起汽车,他造的汽车卖给谁?他通过加薪打造了一个富足的产业

大批工人在高地园福特工厂门前等候应聘(1914年)

工人阶层,进而使他们有能力购买从福特流水线上生产的 T 型车。福特称自己的员工应该有能力买得起自己生产的车。他认为,既然已经能够大批量生产价格低廉的汽车,如果员工们能够买得起的话,就可以卖出更多的车。因此,福特相信一个 8 小时工作日 5 美元的报酬是他所做的削减成本的最佳举措。他说:"我可以找到创造高工资的生产方法。如果降低薪水,就是降低顾客的数量。"到 1925 年,福特的 T 型车每辆售价为 260 美元,按日薪 5 美元算仅仅是两个多月的工资(除休息日外)。

媒体评价说,正是福特的加薪及其带来的社会效应,造就了一个有购买力的美国中产阶级。美国汽车市场的消费主体不再是富翁和贵族,而是数量庞大的中产家庭。福特启动了庞大的内需市场,拉动了经济的高速增长,美国由此腾飞。从这个意义上讲,福特的 5 美元日薪被称为是"一个永远改变美国的薪酬标准"。

T 型车实现了福特为大众造车的梦想,并引起了一场农村变革。流水线生产方式则引起了一场工业变革,而 5 美元的日薪及其蕴含的还富于民的理念,则引发了一场社会变革。T 型车、流水生产线、5 美元日薪——这三项伟大的创新,最终成就了亨利·福特一生的伟业。

驾驶 T 型车兜风的美国人

KEXUE JUREN DE GUSHI

福特汽车王国

亨利·福特的大名和他生产的 T 型车风靡了全美国,更确切地说,是风靡了全世界。福特在美国成了家喻户晓的人物,他是商业广告的宠儿、舆论的焦点,也是媒体记者追逐的目标。

有个名叫斯特利安的记者,千方百计地采访了福特。他在采访记里详细地描绘了福特的模样:他的个子很高,瘦而结实,头发灰白,五官特征突出,尤其是眼睛给人的印象深刻——两眼分得很开,眼角布满皱纹,目光锐利,眸子里透着精明、幽默和某种若有所思。他说话时偶尔会咧嘴一笑,那笑容很平易,像在和人拉家常。总体看来,福特有一种不动声色的威严,采访时他身体后仰坐在椅子里,双腿交叉伸在一只废木箱上,态度既安详又自信。

斯特利安评价说:没有谁像福特先生那样真实。他丝毫没有名人显贵那种矫揉造作,也就是通常说的那种所谓的"作秀";他也不会像有些人那样,装出一副虔诚敦厚的样子。信不信由你,福特先生属于大众,他不矫情,不造作,正直而诚实,是个只为普通民众谋福利的企业家,是个以民间智慧和精明征服商海的弄潮儿。

1915 年,在第一次世界大战期间,福特发表演说,号召大家慷慨解囊,建立反战基金。他还成立了专门开发生产农用拖拉机的"福特父子公司"。美国总统威尔逊接见福特,盛赞福特汽车公司。

亨利·福特纪念邮票

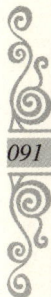

在美国人民的心目中，亨利·福特成了民间英雄，有位社会活动家甚至称"亨利·福特是人民的公仆"。他在文章里赞誉说，福特身上展示出的各种个人魅力，已把他和普通美国人联系在一起。

现代美国的主题是亨利·福特。你在理发店、咖啡馆、吸烟室、广告会所、女子慈善缝纫小组等场所都能听到他的名字……

亨利·福特先生的话不多，朴实、平易、自然、民主、直率，不抽烟，不喝酒，不讲粗话，除了制造汽车以外，各方面都很节俭。勤奋和自立是他的座右铭。

他把自己所具备的真实、正直、简洁、理性和明理等品质融入他生产的汽车。他不是个学究，不是个理论家，不是个职业改革家，而是一个工作者和经营者，也是一个老师和学生，他有自己的工作习惯、卫生习惯、娱乐习惯和学习习惯。

福特既是一个英雄，又是一个普通人。普通人的弱点，在他的身上同样存在。当福特发现自己成了无人可取代的"汽车大王"时，他的头脑开始发热，变得独断专行，听不进去不同意见。按照理查德·巴克的说法："他一个人决定价格、工资和利润水平是否公平。此时的亨利不必对股东、银行、行业协会、竞争对手或其他任何人负责，事实上他拥有前所未有的权利。他和妻子、儿子拥有一切，他们享受着对公司的专有权。即使是约翰·D·洛克菲勒在鼎盛时期也只拥有标准石油公司不超过27%的股份，而福特和妻子、儿子却拥有福特汽车公司超过51%的股份，自然一切都是他说了算。"

福特的一些合作者和得力手下逐渐离他而去。

首先是他的重要搭档詹姆斯·库森斯，因反对他执意发表对公司不利的

"和平主义"言论,愤然辞职。库森斯是福特公司最早的 12 个股东之一,又是董事、副总裁,担任 CFO(首席财务官)多年,是个营销和财务管理高手,为福特公司的业绩作出过重要贡献,可以说库森斯是福特的臂膀。接下来, 一大批骨干离开了福特公司,其中包括威廉·努森和契尔德·威尔斯。威尔斯是个不可多得的人才,被称为"最伟大的汽车工程师",曾协助福特研制 999 号赛车,并设计出福特公司独特的标志。努森也是福特公司的功臣, 曾主持修建了 14 家分厂以

鼎盛时期的亨利·福特

扩大 T 型车的生产。他们的离开,无疑是福特公司的一大损失。努森离开时,福特对人解释说:"我让他走,不是因为他不好,而是他好得叫我受不了……公司是我的,只要我还活着,我就会按照自己的意愿进行管理。"努森很有个性,当他得知福特要解聘自己时,先递交了辞职信。他说:"这个世界上没有人能解雇我,除非我主动辞职。"努森后来应聘到通用汽车公司,率领一批骨干开发出雪佛兰汽车,抢走了福特汽车公司不少的份额,令福特后悔莫及。

福特的经营方针和管理措施,也遭到了股东们的强烈质疑和反对。

1916 年,福特汽车公司的营业额达到 2 亿美元,利润实现了 6000 万美元。福特决定拿出 4000 万美元返还给购置福特车的人,每辆返还 80 美元。剩余的 2000 万美元,用其中的 1900 万美元在鲁日河岸建造炼钢厂,用来供应公司生产汽车所需的钢铁。这样一来,股东的利润只剩下 100 万美元。这引起了

福特

股东们极大的不满，但是福特拥有公司半数以上的股权，其他股东无可奈何。

于是，公司的大股东霍瑞斯·道奇和约翰·道奇两兄弟，将亨利·福特告上了密歇根州巡回法庭。道奇兄弟控告亨利·福特拒绝支付红利是不合法的，要求福特停止扩大建厂的工程，已经动用的费用全部由福特本人承担。

在法庭上，福特宣称："本人虔诚地认为，公司应以顾客的利益为先，而非股东的利益。股东们最初的投资风险已经得到了超出所有人想象的高额回报。而且，返给汽车购买人折扣和定期降价，既是还富于民的理念，也是一种商业策略。"

平心而论，福特的辩解并非没有道理，关键是股东们未必心甘情愿，而且股东分红也是天经地义的事。如果不保障股东的红利，谁还会冒着破产的风险投资呢！

"福特先生，你所谓的商业策略，难道不是损害了股东们的利益吗？"道奇兄弟的律师质问福特。

"嘿嘿，"福特淡然一笑反驳道，"你听说过有哪一种商品因为售价过低，而违反了联邦法律和州法律吗？"

福特继续说："道奇兄弟指控我，说我的计划会损害他们的利益。可是众所周知，他们只拥有 10% 的股份，而我拥有 58%。要说损失，也是我的损失更大。因此，他们对我的指控是站不住脚的。"

"福特先生，请问你为什么要扩大企业的规模？"

"尽可能地为民众做些好事。"

"也包括赚钱吗？"律师反问。

"赚钱并合理利用，提供就业机会，让人们开得上汽车……赚钱只是顺带的。"

"顺带的？"

"是的。"福特回答，"做生意是为大众提供服务，它的目的并不是为了赚钱。"

"所以，你提高工人的工资，降低售价让想买汽车的人都能买得起？"

"不错。"福特回应道，"只有付出你所有的，钱才会再流回你手里，想不要都不行。"

亨利·福特（右）和儿子埃德塞

经过旷日持久的审判，1917 年 10 月 31 日，密歇根州巡回法庭宣判：福特公司拨出 1927 万美元作为特别股息（给股东分红）；禁止公司增加固定资产；停止炼钢工程建设。这意味着道奇兄弟的控告大获全胜，亨利·福特彻底败诉。福特不服，上诉密歇根州高等法院。15 个月后，密歇根州高等法院重裁为：公司的经营策略和扩大生产、增加设备等是公司的自由；不过，从 6000 万美元赢利中提出 1927 万美元作为特别股息，则是公司的义务。

这是一个折中的判决，被告和原告都作了妥协。

福特在 10 天之内支付了 1927 万美元特别股息，他本人得到 1117.7 万美元，道奇兄弟获得 192.7 万美元，其他小股东共分得 616.6 万美元红利。

这场官司使福特深深感到掌握全部股份的重要。在与儿子埃德塞经过一番谋划后，1919 年 1 月 1 日，福特突然提出辞职，任命 26 岁的埃德塞为公司总裁，并放出风声说打算另外建厂，生产更廉价的汽车。股东们顿时陷入困惑和慌乱之中，因为没有福特本人的福特公司将是一个黑洞，福特公司的前景一片黯淡。

于是，不知所措的股东们乖乖地将手中的股份全部卖出。出面收购股份的是一个神秘的经纪人，但股份最终全部落在亨利·福特的名下。就这样，1919年7月17日，福特以妻子克拉拉和儿子埃德塞的名义，以7500万美元（其中7000万为银行贷款）的高价收购了其余全部股份。他将福特公司的股权重组为：亨利·福特55%，埃德塞42%，克拉拉3%。

就这样，亨利·福特全权掌控了公司。

正如《汽车杂志》新闻标题所说："股份收购铺平了通往新福特的时代之路。"至此，一个以福特为中心的汽车王国正式成立了。

☆ 渡过难关
duguonanguan

令福特始料未及的是，在他完全掌控福特公司股份的第二年，公司在财务上陷入困境，面临着严峻的考验。

在第一次世界大战期间，美国的民用汽车消费受到很大的抑制。战后曾出现过短暂的繁荣，美国老百姓购买汽车的热情逐渐恢复。福特原本对按期偿还贷款有足够的信心，但是没有料到，1920年一场空前的金融风暴席卷而来，全球的经济都不景气，原材料价格居高不下，产品滞销，失业人数剧增。美国的媒体、钢铁和铁路产业遭到了前所未有的打击，汽车产业也未能幸免。

此前，为了购买股份，福特曾向三家银行贷款7000万美元，18个月的支付期，最后还款期限是1921年4月。按照贷款协议，在1921年1月1日到4月18日之间，福特公司必须向银行支付3300万美元；另外还欠税款1800万美元；还需支付员工的工资和奖金700万美元。这三项加起来总共5800万美元。但是公司的流动资金只有 2000 万美元,不足的资金达 3800 万美元,这对于福特公司来说是一笔不小的数目,福特公司陷入空前的危机中。

1920 年 9 月,福特决定将 T 型车的价格降为 440 美元,平均降幅将近 30%。但是,降价措施并没有把存货全部处理掉,福特只得宣布减产。这是福特公司成立以来第一次被迫减产。圣诞节前,有将近 7000 名工人无事可做。

势利的媒体大肆报道福特公司的负面新闻,一些不怀好意的投资商也蠢蠢欲动。有报纸放风称:"福特公司的前途堪忧,坊间盛传它可能被银行家接管,或者被通用汽车公司收购。""亨利·福特已经走到头了,正在四处奔走,八方借钱。"

亨利·福特并没有被打败。1921 年 2 月,他任命埃德塞为公司董事长兼首席财务官,决定背水一战。28 岁的埃德塞临危受命,在父亲的认可和支持下,对公司进行了大刀阔斧的整顿和改革。首先,在公司里推行厉行节约的措施,将 1074 名行政人员裁减为 528 名,其余的全部调到生产部门。这样,使每辆车的行政成本费从 146 美元减为 93 美元。为了节约每一分钱,工厂里凡是非必需品,从档案柜到扳手,都被卖掉或被取消;数百条可用可不用的电话线被切断;多余的材料尽可能循环使用,不能再使用的就统统卖掉。这些紧缩开支的措施很见

埃德塞(左)和父亲亨利·福特共渡难关

成效,为公司节省了一大笔开销。

与此同时,福特要求各地的经销商提货必须先交现金,然后再把 T 型车交给他们,否则就要收回经销权。数千名经销商只得向当地的银行贷款,以共渡难关。福特只用了两个月时间,就销售出库存的 6 万辆 T 型车,从全国的经销商手中收回 2470 万美元现款。此外,加速流通又盘活了 2800 万美元资金,工厂的副产品销售了 370 万美元,公司购买的公债又售出 790 万美元,从国外贷款 300 万美元。这样总共创收 6730 万美元。1921 年 1 月 1 日,福特公司的流动资金只有 2000 万美元,到 4 月 1 日已拥有 8730 万美元,公司不仅偿还了 5800 万美元的欠款,还余下 2930 万美元。

福特父子成功的"反击战",不仅使福特公司渡过了难关,而且为进一步扩大生产创造了有利条件。福特运筹了多年的红河(Rouge)工业联合体,终于大功告成,迎来全面投产。1921 年,美国总统哈定接见福特,盛赞福特"为美国创造了一家最了不起的公司"。1922 年,福特公司收购了林肯品牌,从此,林肯品牌成为福特公司麾下的高端品牌。

☆ 红河工业联合体

honghegongyelianheti

红河工业联合体位于福特家乡迪尔伯恩西南,这里地势平坦,原来有几十个小农场、几片森林和大片的牧场。有远见的福特早在 1915 年就买下了这片土地,面积约有 2000 英亩(约 800 万平方米),为兴建汽车制造联合企业作准备。福特的计划是在这里建一座大型综合工业联合体,用来取代高地园汽车总装厂,生产的汽车将大大超过原有的规模。这将是世界上最大的工业联合体,它的蓝图包括了从原材料一直到整车的各个部件都在这里生产。工业联合体内不仅有总装厂,还有钢铁制造厂、铸造厂、车身厂、水泥厂、锯木厂、橡胶厂、发电厂,以及港口和码头。换句话说,整个汽车的生产程序全都包罗在内:从原材料离地一直到T型车从生产线上滚滚而下。

正如一篇权威的专业文章所评价的:"所有生产汽车必需的材料都汇聚到这里,铁、木材和橡胶通过福特拥有的铁路线或福特拥有的货船运来。这里将是汽车工业实现自给自足梦想的地方。"

促使福特下决心建立红河工业联合体,有两个原因:一是高地园福特汽车工厂已最大限度地发挥了生产能力,产量达到了极限;二是公司实现一条龙生产,可以摆脱对原材料和元部件供应商的依赖,增强生产的自主能力。

红河工业联合体鸟瞰(冒白烟的是发电厂的大烟囱)

到 1920 年, 红河工业联合体已初具规模。福特所憧憬的全方位、多层面生产运营模式开始在红河区实现。锯木厂已在运行, 焦炭厂也已开工, 铸造厂开始生产各种铸件, 约 38 千米长的铁路轨道已经铺设完毕, 火车的车皮与红河里的驳船把生铁矿石和煤炭源源不断地运到仓库里。其他配套设施, 也在按部就班地兴建着。

1920 年 5 月 17 日, 联合体炼钢厂建成并开始炼钢, 它拥有世界上最大的鼓风炉。福特祖孙三代一起出席了隆重的剪彩仪式。亨利·福特被经理和工人们簇拥着走近鼓风炉, 他臂弯里抱着孙子亨利二世, 埃德塞跟在身后。周围是成群的报社记者和看热闹的工人家属。福特弯下腰看了看导火索和焦炭, 然后手把手地让小孙子点火。底特律《新闻报》风趣地报道了这颇具象征意义的一刻:"只有 3 岁大的亨利二世玩火柴还是早了点, 自己划不动火柴, 但是有了爷爷的帮助, 火苗还是蹿了起来, 大功告成后他坐在爷爷的肩头上, 众人齐声欢呼。"有现场目击者回忆说:"福特一家三代人开怀大笑, 不住地鼓掌。"

理查德·巴克在《福特帝国》中写道: 红河工业联合体建成全面投产后, 在红河河畔的 23 幢大厦里, 有 8 万名员工在同时工作。联合体中包括炼钢厂、玻璃制造厂、水泥厂、副产品加工厂、两个铸造厂、冲压厂、汽车装配厂和有 8 个高耸大烟囱的大型发电厂。世界上再也没有一个地方像那里一样聚集了那么多工人和机器。理查德·巴克描绘的情景, 即使在今天看来也十分壮观。

一位福特公司的员工回忆说:"星期一, 矿石被运到红河码头; 然后经过切割、加工、装配成零件; 再运送到 300 米以外的分装厂, 被装配成完整的汽车; 之后卖给经销商, 经销商再把汽车卖给消费者——这一切, 在星期四晚上之前就能完成。"

红河工业联合体 1923 年全面投产, 福特公司大展拳脚, 取得骄人的成绩。仅在 1924 年, 福特公司总共生产销售了 100 万辆 T 型车, 销售额达 54600 万美元,获得利润 7500 万美元,创造了福特公司历年来的最佳纪录。

★ 福特父子
futefuzi

福特公司的辉煌业绩,自然也有儿子埃德塞的一份功劳。但是在公司里,福特父子之间的关系却很微妙。这当中既有关怀备至的父爱,又有暴君式的统治,令埃德塞这个年轻的总裁喘不过气来。

埃德塞小时候就是个乖娃娃,文静,听话,不闯祸,福特夫妇和亲戚们都很疼爱他。到四五岁时,埃德塞经常和其他孩子一起玩,喜欢滑冰、捉迷藏。有一次,他和邻居家小孩比赛爬树,不料摔倒在地,手脱了臼,母亲克拉拉非常心疼,抱着他去看医生。埃德塞眼泪汪汪的,却没有哭。医生拍着他的小脸蛋说:"这孩子的忍耐力挺强的。"

埃德塞是独子,和母亲克拉拉关系很亲密。克拉拉虽然很宠爱儿子,但从来不娇惯他。埃德塞从小就受到良好的家庭教育。他喜欢和妈妈说悄悄话,把心里的小秘密告诉妈妈。母子俩常常是心有灵犀一点通。

埃德塞从小就对父亲很崇拜,亨利·福特的名声和成就令埃德塞感到伟大而目炫。他长大后曾回忆说,当年底特律市长梅伯里亲临家里来看

埃德塞·福特

父亲制造的"不用马拉的车"，他那时 6 岁，站在一旁，心里感到无比自豪。当时的情景他至今记忆犹新。市长拍着他的脸蛋说："小家伙，长大要像你爸爸一样哦！"他还记得，他常常到后院的小车间里，观看父亲动手制造 999 号和"飞箭号"赛车。

他问："爸爸，为什么要造两辆一模一样的赛车呀？"

"嘿嘿，"父亲告诉他说，"库柏出钱我出力，两辆车造好后我们一人拥有一辆。"

这是埃德塞第一次知道投资和合伙的概念。

埃德塞 6 岁时读公立小学，喜欢音乐和绘画。他尤其具有美术天赋，喜欢画汽车，常用蜡笔画父亲制造的各种小汽车。他还爱画素描和人物肖像。有一次画家欧文来家里做客，亨利·福特向客人介绍儿子时说："埃德塞是我们家的画家，而我对艺术是一窍不通。"

埃德塞从小耳濡目染，对汽车饶有兴趣。埃德塞 10 岁时，亨利·福特送给他一辆崭新的福特 A 型汽车。这是一辆红色的轻便车，很漂亮。埃德塞又惊又喜："爸爸，我能驾驶它吗？"福特微笑道："这车是你的了，你当然能。"于是，埃德塞驾着这辆车在亨得利大街上转悠，车后拖着朋友的雪橇，引得邻居们议论纷纷。

"谁家的孩子呀？这么厉害！"

亨利·福特和儿子埃德塞坐在 F 型汽车上

"是亨利的儿子——埃德塞·福特。"

"怪不得,有其父必有其子嘛。"埃德塞若无其事,玩得很开心,还开车送妈妈克拉拉到商店买东西。

几年后,亨利·福特又送给儿子一辆 1906 版的 N 型车,性能比 A 型车有所提高。14 岁的埃德塞开着这辆 N 型车到预科学校上学,出尽了风头。从此以后,埃德塞养成了收藏汽车的业余爱好,并渐渐产生了设计、制造汽车的念头。

埃德塞少年时代的黄金岁月,是在底特律大学预科学校度过的。这是一所男生预科学校,收费很高,学生大都来自富商或社会名流家庭。埃德塞在这所贵族学校里如鱼得水,他酷爱运动,喜欢交际,是学校田径队的短跑队员,打猎、划船、驾车旅游、打高尔夫球等,无所不能。他的个子比父亲稍矮一点,但体格结实,皮肤黧黑,模样帅气,穿着时尚,一副现代年轻人的模样。

1912 年,19 岁的埃德塞从预科学校毕业,没有上大学,而是进入父亲的高地园汽车工厂工作。放弃上大学,是埃德塞自己作出的决定,虽然他日后有点后悔,觉得失去了一次人生经历。埃德塞当时显然是被汽车设计吸引了。1910年,他在 17 岁时设计了一种 T 型车的运动版,将座位和转向杆变矮,把车头发动机罩加长,并在敞篷车的车身上加开了几个车门。亨利·福特称赞儿子的"鱼雷"汽车设计得挺有意思,但从来没有制造过这种车,害得埃德塞空欢喜了一场。1912 年,埃德塞又设计出一种低底盘六汽缸跑车,配有凹型低座位、V 型散热器。福特公司的工程师们根据埃德塞的图纸,把车子造了出来。埃德塞用它做座驾开了好几年,不过只是个样车,始终没有投产。

出于父亲对儿子的欣赏,也是为了不让福特公司落入竞争对手之手,亨利·福特有意培养年轻的埃德塞接自己的班。他让埃德塞由基层干起以接受锻炼,包括干给车身贴黄铜标牌这种杂活。然后安排埃德塞在高地园工厂各个岗位工作,从一个部门转到另一个部门,让他尽可能了解和熟悉更多的东西。福特还经常让埃德塞跟着自己视察公司的营运情况和决策过程，他的良苦用心不言而喻。

埃德塞年轻有为，待人谦虚有礼，很受同事们的好评和爱戴。他的秉性敦厚，处处替人着想，行事低调，对人尊重，给员工们留下了深刻的印象。一位负责教埃德塞发动机装配技术的工程师说："每个人都很喜欢埃德塞，他是一个你会称为绅士的那种人。"

不过在埃德塞的身上，又充满了美国现代青年的活力。他们这一代人的生活方式和情趣，与老一辈人完全不同。亨利·福特喜欢的是旧式舞蹈、郊游、棒球赛和古董收藏。再不然，就是与几个老头（包括大发明家爱迪生、自然诗人巴勒斯等）躲到荒郊野外去野营，或者在林子里给鸟儿搭窝。埃德塞喜欢的是开高档轿车、打高尔夫球、驾驶游艇、唱歌跳舞。福特夫妇特地在全家人住的别墅里修了游泳池、保龄球道，还建了一个小型高尔夫球场，他们希望把儿子留在家里，并欢迎他的伙伴们经常来家里聚会。然而，埃德塞在家里越来越待不住了。

1915 年，22 岁的埃德塞被任命为福特公司的董事，成为董事会最年轻的成员。就在这时，埃德塞爱上了一个名叫艾丽诺·克莱的姑娘，她是底特律一个富商的侄女。艾丽诺比埃德塞小三岁，性格开朗，黑头发，喜欢滑冰、打篮球，舞跳得特别好。埃德塞是在一个舞蹈班上与她相识的，一曲《让我们在玫瑰花丛中相爱》，令两人一见钟情。福特夫妇也很喜欢艾丽诺·克莱。

1916 年 11 月 1 日，埃德塞和艾丽诺在女方叔叔家举行了婚礼。尽管新郎新娘双方的家庭都非常富有，但婚礼却办得简朴、典雅，一点也不铺张。新娘冰清玉洁，亭亭玉立；新郎温文尔雅，一表人才。来宾们纷纷向两位新人表示祝福。福特的死对头道奇两兄弟也参加了婚礼。在婚宴招待会上，约翰·道奇对亨利·福特说："亨利，你小子其实也没有什么值得我羡慕，但是你这个儿子是个例外。"

福特听了此话,嘴角露出得意的微笑。

不过对埃德塞而言,婚礼似乎成了一道分界线。小两口从夏威夷度蜜月回来后,没有住进父母的别墅,而是搬进了伊诺跨大街一所宽敞的房子,那里是底特律社会精英和有钱新贵们的住宅区。这也许是媳妇的主意,也许是两人共同作出的决定。福特夫妇明白,儿子和儿媳从此选择了他们自己的社交圈,老两口只好默认了。第二年,艾丽诺生下一个男孩,埃德塞给他取名为亨利·福特,这就是后来福特家族的第三代继承人——亨利二世。

1919年1月1日,作为父亲收购小股东股份计划的一部分,不满26岁的埃德塞成了福特公司的总裁。实际上,公司的一号人物仍然是亨利·福特。虽然埃德塞兢兢业业,在许多方面都起了重要作用,比如建设红河工业联合体,对生产和工程作出决策,以及对公司的销售、运营提出建议等。但在埃德塞的任期内,很少有未请示过亨利就下的决定,那些未请示过作出的决定,往往十有八九被亨利取消了。有个典型事例,表明福特父子间的矛盾日渐明显。

有一次,管理人员申请增加高地园区办公室的空间,埃德塞经过研究,批准了申请,同意建造一座附属行政楼。但是当推土机开来准备挖地基时,福特来了,他问儿子:"这是这么回事?"埃德塞说明了原委。福特说:"埃德塞,我们不需要什么附属行政楼。"埃德塞很尴尬,但仍顺从地说:"我一会儿叫人把坑填了。"福特并不罢休,回答说:"不要填,就这样,让员工们看看什么叫浪费。"接下来的几个月,员工们上下班都会经过那个烂泥坑,他们看见的是父亲权威的象征和儿子受辱的标志。

一位福特身边的资深工程师总结道:"每当埃德塞准备做一件事,老福特就会断然否决。"埃德塞这个挂名总裁当得很痛苦,但也很无奈。他对父亲的专制忍气吞声,老福特的做法却越来越粗暴和不近人情。父子俩的关系变得日益

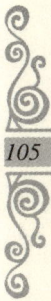

紧张。公司里的人都明白,这种尴尬的局面反映出父子两人各自的弱点:父亲倾向于独裁专制,儿子却过分敬畏父亲。

有人暗地里批评亨利·福特说:"他从来没有意识到埃德塞已经是大人了。"

这话说得很中肯。事实上,埃德塞已成长为一个非常优秀的管理人才,一个具有现代意识的汽车企业家。他思维敏锐,作风民主,富有团队意识,并善于接受新鲜事物。埃德塞认识到现代企业由于规模巨大,运营复杂,需要现代化的管理手段。这种思想代表了世界汽车业发展的新潮流。埃德塞在公司里赢得了越来越多人的信服和爱戴。

可惜亨利·福特没有看到这一点,从而导致父子俩在企业管理和经营方针等重大问题上产生了严重分歧。1926 年初,福特父子围绕"T 型车是否停产"的问题,终于爆发了一场大战。

在竞争中前行

☆ T 型车终结

Txingchezhongjie

到 1926 年,福特的事业达到了顶峰。福特汽车公司被公认为世界上最大的工业帝国。据《福特帝国》披露:该公司成立 23 年来,年平均利润高达 3917 万美元,23 年的利润总和约为 9 亿美元。在 20 世纪 20 年代中期,《纽约时报》曾评估福特的个人资产(包括不动产)达 12 亿美元,位居世界第一。在近 10 年间,亨利·福特每年得到的股票分红平均为 450 万美元。福特曾承认:"我无所不有,我根本不需要别人送我什么东西,我也不想要那些用钱能买到的东西;我只想快乐地生活,让这个世界变得更美好,更适合人类居住。"

福特获得的世界声誉和巨大财富,在很大程度上都仰仗于他发明制造并畅销全球的 T 型车。T 型车开启了汽车史上一个普及车型的时代;T 型车创造了美国汽车业销售的奇迹;T 型车不仅实现了福特"为大众造车"的理想,而且成了一种时尚;T 型车同时也改变了美国人的生活方式,使美国成为"轮子上的国家"。

正因为如此,T 型车成了福特抱在怀里的"金娃娃",他永远也舍不得放手。

有一张饶有趣味的照片,是 1923 年 6 月拍摄的。照片中,福特正在比较第 1000 万辆 T 型车和他的第一辆车,他双手抱在胸前,面带微笑,正低头瞅着简陋的四轮车,身后是他的王牌 T 型车。

然而社会在发展,时代在前进,消费者的习惯也会随之发生变化。一战之后,驾车的女性越来越多,她们喜欢外形漂亮、座位舒适的汽车。T 型车一成不

亨利·福特和第 1000 万辆 T 型车及第一辆汽车的合影

变的老模样,很难再得到她们的青睐。还有一个新情况,二手车在战后开始流行,售价大多在几十乃至十几美元,几乎占领了整个廉价汽车市场。这也致使以廉价汽车为主要目标的 T 型车失去了生命力。与此同时,其他汽车生产厂家不断推出具有竞争力的产品,大受消费者的欢迎。T 型车的销量开始出现大幅下滑。1926 年,福特把 T 型车的价格降低到 260 美元,但是产量仍然下跌了 25 万辆。而通用汽车公司推出的雪佛兰汽车的销售量却突破了 60 万辆。福特公司的市场占有率从 1921 年的 67%降到了 46%。

　　1926 年美国有 44 家汽车制造公司,全美 80%的汽车由福特、通用和克莱斯勒三大汽车公司生产。事实表明,T 型车已经越来越难以满足美国消费者的需求。福特公司面临着严峻的挑战。埃德塞和公司的所有人都意识到了这一点:T 型车已经落伍,它在设计上过于陈旧,价格也失去了优势。

　　埃德塞说服父亲应与时俱进,设计生产新的车型,但福特坚决反对。在他

T 型车的竞争者雪佛兰

看来,T 型车并没有过时,只不过是买的人少了而已。父子之争越演越烈。然而这一次埃德塞破天荒地没有向父亲让步,因为此举与公司的命运生死攸关,而且几乎全体高层管理人员都站在背后支持他。

1926 年 1 月 26 日,公司副总裁坎茨勒向亨利·福特提交了一份长达 6 页的备忘录。这是他花了几个星期时间,精心准备的一份抨击 T 型车已落伍的报告,也是一封宣战书。向公司的独裁者亨利·福特公开挑战,需要极大的勇气,坎茨勒已作好了破釜沉舟的打算。备忘录写道:

尊敬的福特先生:

请您千万理解,我心中非常明白是您创建了整个公司,这是您的战果,也是您的创造。我担心您会因为这份报告而改变对我个人的看法,担心您觉得我不近人情,觉得我对您为将来所做的规划缺乏信心。

但是我不得不说,公司所面临的拳头产品问题再也不能忽视。为了保住福特公司在汽车制造领域的地位,T 型车产品已经难以胜任了。越来越多的迹象表明，这匹战马已经老了！在过去几年里，公司仅仅是勉强维持销售量，而竞争者们却战绩辉煌。福特的消费者们正把目光转向其他款式的产品，而公司的经销商们个个情绪低落，不像过去那么容易赚钱了。

……

接下来，坎茨勒列举了大量事实和数据，证明福特的市场份额正在逐年减少，而且跌势不可逆转。坎茨勒一针见血地指出，解决问题的方案只有一个——福特需要新产品！

这位副总裁在备忘录的最后写道："公司里受您委托担任最重要职责的几乎每一个人都持有同样的观点。"

坎茨勒毕业于哈佛大学，是个不可多得的管理人才，他是埃德塞的铁杆盟友和得力助手，又是连襟（他娶了艾丽诺的妹妹约瑟芬），两人的关系非同一般。坎茨勒很受埃德塞的器重，从1921年起坎茨勒担任公司副总裁，曾协助埃德塞管理装配分厂，制定销售策略。

亨利·福特对坎茨勒的备忘录没有作任何回应，这种漠视清楚地表明了老福特的态度。五个月后，坎茨勒被解雇，当时他正和埃德塞一道去欧洲出差。他们回到底特律后，约瑟芬曾哭着请姐姐艾丽诺出面向福特求情，希望他改变主意，但老福特不为所动。坎茨勒成了这场T型车存亡大战的牺牲品。

坎茨勒事件不仅加深了福特父子之间的矛盾和紧张关系，而且还给公司面临的危机火上浇油：这款风光不再的T型车究竟何去何从？

《汽车》杂志分析道："20年代人们的生活水平不断提高，加之雪佛兰等汽车的价格不断下降，这一切都预示着福特将面临一个黑暗时期。如果福特想保住他的基本顾客，必须在确保实用性的同时，推出一款更有亮点的新车型。"

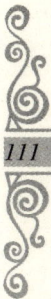

《纽约时报》记者撰文称："亨利·福特是早期汽车工业的巨人，可是如今已今非昔比。销售额和利润的下滑使福特不得不减产。记者穿过他的工厂时，目睹不少部门都在闲置中。在汽车工业领域里，福特的统治地位破天荒地受到严重挑战。"

其他一些有影响力的媒体，也几乎是一边倒。《福布斯》杂志宣称："福特公司已经失去汽车工业中的领头地位，但老福特拒绝放弃他 17 年来一直在生产的那部汽车……"《自由》杂志则大声问道："亨利·福特该怎么办？"

顽固的亨利·福特，却要"为他的老爷车奋斗到底"。

但是支持开发新车的人，在埃德塞的带领下展开了一场寸步不让的大战。在接下来的几个月里，埃德塞不断地向父亲提出制造新车的方案，前一个遭到老福特的否决，紧接着又提出第二个。埃德塞的行动，得到了公司几乎所有高层经理的默许。与此同时，聚集在底特律的经销商们也向老福特施压，他们强烈要求福特公司提供新款汽车，否则将另寻出路。

在埃德塞与父亲的一次恳谈之后，老福特终于作出让步，同意开发新车。

亨利·福特对此没作任何解释，也没有人知道父子俩这次谈话的细节。但有人透露，是儿子的一席话打动了老福特："爸，您是 T 型车的创始人，您为大众造车的理想已经实现了，我一直为您和 T 型车的成就感到骄傲。但是您只要看看马路上的情形，就可以知道时代变了。我们再不研制新型汽车，一定会被时代所抛弃。"

1927 年 5 月 25 日，福特宣布停产 T 型车，全面投产全新的 A 型车。

第二天，第 1500 万辆 T 型车在高地园福特工厂下线。亨利·福特、埃德塞和公司各个高层人士参加了仪式。埃德塞驾着最后一辆 T 型车驶下生产线，亨利·福特坐在后座上，他们冒着小雨把它开到迪尔伯恩的一个陈列室里。几百人目睹了父子俩把两辆具有历史意义的汽车摆在一起——第 1500 万辆 T

型车和 1896 年生产的四轮车。

许多人把 T 型车退出历史舞台看作是福特家族辉煌时代的终结。

有位作家写诗叹道:"可爱的小汽车,亨利把你带到这世上;你曾是大众的宠儿,时代的骄子;可你如今真的老了吗?"诗中弥漫着怀旧情怀。还有一个 T 型车的铁

《纽约世界》刊登的 T 型车终结的漫画

杆女粉丝,一口气买了 7 辆新 T 型车,表示自己一辈子都只乘坐 T 型车。亨利·福特被她的举动深深感动。

1927 年 11 月《纽约世界》杂志刊登的一幅漫画,更是对 T 型车终结的生动写照。漫画的标题是"如今这辆车已成历史了",副题为"上周五见证了 T 型车的终结"。画面里的 T 型车挥着双翅,正飞向远方。最有意思的是,画面左下角那个正与 T 型车挥泪道别的男人,望着车的背影,嘴里喃喃念叨:"忠实的老伙伴,再也见不到你啦,一路走好!"

☆ A 型车的成功
Axingchedechenggong

T 型车的转产是一个重大的战略决策,也是一个庞大的系统工程。一旦作出决定,亨利·福特就以极大的魄力和热情投入到研制新车的战役中。

在接下来的 6 个月时间里,福特关掉了全部生产 T 型车的流水线,有数

万名员工被解雇。全美国有 34 条流水生产线需要重建,海外需要重建的生产线有 24 条,为此福特投入了上亿美元巨资,更换了 4500 台机器,扩建了 9 万平方米的厂房,安装了新的供电系统,对机器重新作了布局。像这样重大的改造,在美国尚属首次。《纽约时报》称,"这也许是美国工业史上最大的重组工程"。

新车的设计师由埃德塞担任。亨利·福特相信儿子已掌握汽车的全部技术,以埃德塞的眼光和鉴赏力,设计出的新车型式样和风格一定不同凡响。埃德塞也勇于担当,责无旁贷。父子俩的默契产生了最佳的结果,这就是非常成功的全新车型的诞生。福特决定重新启用 A 型车作为新车代号。

在新车下线之前,福特巧妙地采取了广告策略。他先是故意封锁消息,制造悬念,让客户对 A 型车产生了一种强烈的期待感。原来的 T 型车粉丝和众多的拥有者,也对新车型究竟是什么模样感到好奇。《纽约世界》杂志报道说:"有传言说新车是一部 6 缸车,全国拭目以待,结果传言被否定了;又有传言说,新车将采用别具一格的散热器,但又被否定了。接着,若干张新车试车的模糊照片被神秘人士在报纸上披露出来,引起了公众的热议,纷纷争论其得失,然后福特公司出面否认了照片的真实性。随后,又有一批真假难辨的照片出现,福特公司再次否认……就这样,未来的新车不断出现在各大报的头版上。"

亨利·福特和埃德塞在 A 型新车前面

福特的策略收到了奇效，新车还没有亮相，就赚足了噱头。

1927年11月底，福特连续三天在美国所有大报上打出整版广告，宣布A型车问世，引起巨大轰动。

12月2日，福特A型新车在纽约艾斯托尼亚大酒店正式登场，同时在底特律、丹佛、堪萨斯城、新奥尔良等全国各地的展示厅亮相。人们蜂拥而至，争先恐后地观看A型车。现场人山人海，盛况空前，许多地方不得不出动警察维持秩序。据一个汽车研究机构估计，新车首次展出后的36个小时内，大约有1000万美国人前往观看。一个星期内参观人数总计高达2500万。

福特A型车果然不负众望。这款新车装有一部4缸40马力的发动机，时速可达104千米，外形非常漂亮，线条流畅，富有动感，并且有多种颜色以便选择，有瀑布蓝、翡翠绿、沙漠黄、宝石红、铁灰色等。新车采用了液压减震器、四轮制动和自动点火器等新技术，工艺精湛。新车在细节上也很讲究，配有安全挡风玻璃、雨刷、仪表盘指示灯、防盗锁等。与实用型的T型车相比，A型车更具有舒适感，在性能等方面都有了重大改进。更重要的是，A型车沿袭了福特汽车低价格的传统理念，定价495美元（比雪佛兰低100美元），这在四轮小轿车中十分有竞争力。有媒体报道说："这是一款比T型车更快、更漂亮、更舒适的车，但价格却差不多。参观者交口称赞：这辆车真不赖！"许多人亲昵地称它为"小林肯"（"林肯"是高档车的代表）。

A型车大受欢迎，获得巨大成功。仅首展第一天，在纽约就收到5

2012年武汉国际汽车展上的福特A型车（1929年款）

1928 年款 A 型车

万张订单。到 12 月中旬,订购 A 型车的人已猛增到 40 万。许多人选中它作为送给自己和亲人的圣诞节礼物。由于短期内供应不了这么多产品,许多政界和演艺界名人纷纷托关系、走后门,以先开上 A 型车为荣。

福特汽车公司终于反败为胜,重振雄风。

1928 年,A 型车的销售量仅比雪佛兰少 20 万辆。1929 年,福特公司共生产销售 A 型车 185 万辆,占全美汽车工业总产量的 34%,超过雪佛兰销量的 20%。A 型车使福特从通用汽车公司的手中重新夺回了汽车销售量的头把交椅。从 1927 年末到 1931 年间,总共有 500 万辆不同造型和不同颜色的 A 型车,行驶在美国的大街小巷。

★ V8 型车脱颖而出
V8xingchetuoyingerchu

A 型车获得了巨大的成功。福特本以为它会像 T 型车一样长期占领市场(T 型车畅销了 19 年),但未料到的是,A 型车只风光了 5 年。

A 型车落伍的原因，首先是因为面临强大的竞争。其他的汽车制造商每年都推出新车型——包括通用汽车公司的雪佛兰、克莱斯勒公司的普利茅斯等，这对 A 型车造成很大的冲击。

通用汽车公司成立于 1908 年，创始人威廉·杜兰特原是美国最大的马车制造商。他于 1908 年买下了由戴维·别克创办的别克汽车公司，正式成立通用汽车公司，第二年又合并了另外两家汽车公司——奥克兰汽车公司和凯迪拉克汽车公司。通用汽车公司采用了著名的"不同的钱包、不同的目标、不同的车型"的经营战略，其品牌形象和汽车产品成为消费者自我价值和身份的象征，旗下的品牌包括雪佛兰、别克、凯迪拉克、欧宝等。雪佛兰是最具竞争力的品牌，拥有强大的技术和市场资源。雪佛兰的品牌定位是"一个大众化的、值得信赖的国际汽车品牌"，其品牌个性为：一值得信赖，二亲和友善，三充满活力。雪佛兰的著名标志由威廉·杜兰特于 1913 年亲自设计。很多人以为这个标志是个"十"字，其实它是一个漂亮的领结，代表着高雅和时尚。关于这个标志的由来有许多版本，流传最广并

雪佛兰标志

得到杜兰特本人认可的版本是，其灵感源自巴黎一家旅馆的墙纸设计。公司的官方资料记载："1908 年，杜兰特在一次环球旅行中，无意间在一家法国旅馆中看到了墙纸上无限延伸的图案。他撕下一块壁纸保留下来，并展示给朋友们看，认为它将成为绝佳的汽车标志。"但有趣的是，杜兰特的女儿玛杰丽在《我的父亲》一书中透露的版本却是："一天晚上，父亲坐在餐桌边，在纸片上反复涂鸦，最后勾勒出了现在雪佛兰汽车所使用的标志。"

1928 年末，通用汽车公司推出一种新款雪佛兰汽车，采用 6 缸发动机，动力强劲，对福特 A 型车的销售构成了很大的威胁。

克莱斯勒公司创建于 1925 年，创始人沃尔特·克莱斯勒原是通用汽车公

司的副总裁,具有机械方面的天赋和杰出的管理才能。1925年6月,克莱斯勒脱离通用汽车公司,自行创建克莱斯勒汽车公司。同年,克莱斯勒公司买下马克斯韦尔汽车公司,1928年又买下道奇兄弟汽车公司。至此,克莱斯勒汽车公司成为福特汽车公司和美国通用汽车公司的强大竞争对手。1928年6月,克莱斯勒公司推出普利茅斯汽车,装配了新型的4缸发动机,一经推出,极受用户的追捧。1930年,克莱斯勒公司又推出U型轿车,其价格与福特A型车、通用汽车公司的雪佛兰相当,配有无线电收音机,颇受人们的欢迎。

瞄准低端市场的普利茅斯汽车

此外,随着汽车工业的发展,消费者的品位也随之发生变化,人们需要更为豪华、动力更为强劲的汽车。

激烈的竞争使福特公司面临着何去何从的严峻考验。更为严重的是,20世纪30年代初,美国出现了经济大萧条。在随后的数年间,汽车工业经历了一次重大的调整和组合,约有三分之一的汽车制造公司倒闭。1929年,美国汽车之都底特律总共生产了529万辆汽车,价值37亿美元(平均每辆售价699美元)。而在1933年, 仅制造了184万辆汽车, 价值11亿美元 (平均每辆售价599美元）。四年间，底特律有三分之一的人失业，20多万人靠救济度日，另有15万人迁移到其他城市。

　　为了渡过这场危机，福特降低了A型车的价格，取消了给工人们增加的工资。但当福特宣布降价之后，通用汽车公司、克莱斯勒公司也相继采取了同样的措施。降价之后，福特A型车仍比雪佛兰、普利茅斯便宜，只有安装了四门的A型车与这两个竞争者价格相同，但是A型车的销售情况仍然每况愈下。1931年，福特A型车的销售量锐减。通用汽车公司占据了全美31%的市场，销售量超过福特公司3%。1935年，福特开创了水星品牌，填补了福特产品和高档林肯产品间的市场空缺，但市场份额仍然没有改观。

　　为了扭转劣势，福特决定制造一种新型福特车，动力要超过6缸发动机的雪佛兰。他对儿子埃德塞说明了这个想法，埃德塞回答说："要超过雪佛兰，除非采用8缸发动机。"福特说："这正是我的想法。"父子俩一拍即合，正所谓英雄所见略同。

亨利·福特和V8发动机

　　于是，福特公司的技术部门全力投入8缸发动机的开发。起初，他们把多个普通发动机组合成一个8缸发动机，但福特认为这样成本太高，车子价格降不下来。他指示技术部门："用两个4缸发动机组合起来，就可以了。"

　　专家们告诉福特："这是做不到的。"

"你们试试看，也许能行。"福特坚持说。

为了实现这个目标，福特亲自参加研制工作。经过半年的努力，他们造出了一台8缸发动机的样机，命名为V8发动机。此后，技术部门再接再厉，又进行了各种实验，包括采用新的合金技术，改良铸造工艺。经过不断改进，1932年3月，终于成功推出缸体整体铸造的V8发动机，这比竞争对手们早了好多年。

1932年6月，配有新发动机的福特V8型车隆重上市。V8型车共有14种车型，价格从460美元到650美元不等。V8型车的外形比A型车略大一些，显得更威武，动力为65马力，是当时美国市场上功率最大的汽车。V8型车气质高雅，座位舒适，噪音小，行驶快捷平稳，一经面世，立即受到汽车消费者的追捧，成为美国人的最爱。甚至连臭名昭著的银行大盗克莱德·巴罗和约翰·狄林杰也以自己是V8型车的粉丝为荣。巴罗在给福特的信中说："我们只开福特V8型车，这样谁也追不上我们！"

这等于是给V8型车做广告，一时间V8型车名声大震。V8型车靠最佳的

电影《雌雄大盗》中的福特V8型车

车速和可靠性为福特公司赚了不少钱。不过,由于 V8 型车耗油量大,一些节俭的消费者还是愿意买雪佛兰车。富有戏剧性的是,克莱德·巴罗和他的情人兼犯罪同伙邦尼·帕克,1934 年 5 月在得克萨斯州被 6 名警察伏击身亡,两人就死在一辆 V8 型车中,车身竟中了 130 多发子弹。1967 年出品的电影《雌雄大盗》,就是描述克莱德·巴罗和情人邦尼·帕克的传奇故事片,被称为好莱坞的经典之作。

☆ 车行天下
chexingtianxia

20 世纪二三十年代,美国的汽车工业水平超越了欧洲,成为世界上最大的汽车工业国。在这期间,特别是福特的 T 型车创造了美国汽车业销售的奇迹,开启了汽车史上的一个普及车型时代。以福特公司为代表的流水线大批量生产的方式,极大地降低了汽车的生产成本,使美国汽车称雄世界达 50 年之久。1929 年,美国生产汽车 54.5 万辆,出口占 10%,占领了美国之外 35%的世界市场。此后,美国汽车业界逐渐形成了“福特”“通用”“克莱斯勒”三大公司鼎立的局面,并且以压倒的优势雄居世界汽车市场。

美国汽车拓展海外市场,也促进了欧洲甚至是全球汽车业的竞争。为了保护本国的利益,很多国家都采取了限制美国汽车进口的措施,并积极开发国产车,以与美国汽车抗衡。这也相应地促进了全球汽车业的发展。

福特汽车向海外扩张,最早进军的是法国。1908 年福特推出第一辆 T 型车时,就在法国建立了第一个海外销售机构,后来又成立了法国福特分公司。前面已经提及,法国是汽车的故乡之一,世界上第一辆用蒸汽驱动的三轮汽

车,就是法国军事工程师居纽发明的。1898 年,一个巴黎纽扣制造商的儿子路易·雷诺创建了雷诺汽车公司,同年制造出雷诺汽车。雷诺车多次在赛车比赛中获奖,并大量地用作出租车,颇受欢迎。到 1913 年,雷诺汽车公司年产汽车达 1 万辆(同年福特 T 型车生产量为 18.3 万辆),成为法国最大的汽车制造厂家。

法国的雷诺汽车

法国车的特点是设计前卫、浪漫,操控性好,底盘扎实,突出人性化。雷诺一贯标榜自己是"法国的风格、世界的眼界",是法国最著名的汽车品牌。此外,雪铁龙、标致也是法国汽车的标志性品牌。

法国政府为了保护雷诺、雪铁龙、标致等品牌,采取了许多保护性措施,这在一定程度上限制了福特公司在法国的销售业绩。二战之后,法国四大汽车公司(雷诺、雪铁龙、标致和西姆卡)开始了开发、生产微型轿车的竞争,不断开发新车型,采用赊购、降价等促销方式,刺激工薪阶层的购车欲望。

英国也是汽车先驱者的故乡。当年特里维西克发明的蒸汽马车、嘉内制造的蒸汽公共汽车,都曾名噪一时。这些笨重的"怪物"在英国城镇奔跑时,曾引起了很大的骚动。

英国漫画(讽刺"红旗法规")

由于是靠蒸汽机驱动，这种车比现在筑路使用的压路机还重，常常撞坏未经铺修的路面，引起各种事故。保守的市民们强烈地呼吁取缔这种汽车，为此英国政府于 1865 年制订了一个荒唐的"红旗法规"，规定公路机动车的速度在乡村不得超过每小时 6 千米，在城镇不得超过每小时 3 千米，而且必须派人手执红旗，在行驶前方 55 米开外对行人、马匹进行预警。直到 1896 年，即亨利·福特造出第一辆四轮汽车的当年，这个法规才被取消。而这条法规的实施，使英国后来在制造汽车的起步上大大落后于其他国家。

英国的街道通常都很窄，受欢迎的是小型车，诸如英国制造的奥斯丁汽车、莫利斯汽车等。奥斯丁车的特点是车身小巧，实用可靠，前置 4 缸发动机，后轮驱动，四轮制动。1922 年生产的奥斯丁车很快就占领了英国汽车市场，到 1939 年共生产奥斯丁车 29 万辆。莫利斯车比奥斯丁车体形稍大，更具亲和力，备受中产阶级的青睐。为了适应英国市场，福特公司在英国促销

英国的奥斯丁车（1934 年款）

福特 Y 型车（1932 年款）

时，特地把 A 型车改造成为体积较小的 Y 型车，又称"小福特"。由于价格低廉而又实用，"小福特"在英国大受欢迎，在法国、德国和意大利也很畅销，成为福特公司在欧洲市场的主打产品。福特 V8 型车后来也进入了英国市场，不过销路没有 Y 型车好。

（1926 年发布）

（1917 年发布）

德国是欧洲的汽车大国。发明汽车的两位老祖宗本茨和戴姆勒都是德国人。1886 年 1 月 29 日，本茨取得了专利权，同年戴姆勒也发明了一部四轮汽油汽车。两人各自成立了奔驰汽车公司和梅赛德斯汽车公司。奔驰公司从 1894 年开始成批生产维洛牌小汽车。1901 年，梅赛德斯公司率先应用了喷嘴式化油器和电子点火装置，使发动机的性能大为改善。到 1913 年第一次世界大战爆发前，德国汽车工业已基本形成一个独立的工业部门。据 1914 年统计，德国的汽车制造从业职工为 5 万多人，年产汽车 2 万辆，汽车占有量已达 10 万辆。1926 年梅赛德斯公司和奔驰公司合并为梅赛德斯－奔驰汽车公司，成为德国最大的汽车制造公司。

从总体上看，德国汽车以质量好、安全可靠而著称，奔驰、宝马（由宝马汽车公司生产）等豪华车在世界车坛享有盛誉，经久不衰，其品牌含金量极高。尽管如此，在德国纳粹政权建立之前，福特 A 型车在德国的销路很好，在德国拥有 500 家代销服务店，福特"为大众制造汽车"的理念得到认可。1933 年希特勒建立纳粹政权后，为了收买民心，宣称五年之内要在德国本土制造 300 万辆汽车。希特勒要求福特停止生产 A 型车，转而帮助德国制造"国民车"。福特看出了希特勒的政治野心，拒绝了希特勒的要求，召回了福特分公司的经理，停止了在德国的业务。

大众标志（1932 年发布）

1934 年，德国汽车设计师波尔舍成立了大众汽车公司，得到德国政府的支持。大众汽车公司（德文为 Volks Wagenwerk），意为大众使用的汽车。大众标志中的"VW"为德文全称中的头一个字母，其形象宛若由三个用中指和食指作出的"V"组成，表示大众公司及其产品必胜——必胜——必胜。

风靡全球的甲壳虫汽车

1938 年，波尔舍设计了甲壳虫汽车。1939 年，第二次世界大战爆发，大众汽车公司转而生产军用汽车。1945 年二战结束，在同盟国的监督下，大众汽车公司重新开始生产民用汽车。从此，甲壳虫汽车进入了快速平稳的发展时期。由于甲壳虫汽车外观独特可爱、线条流畅、内饰做工精细、配置丰富，设计富有人性化，而且操控轻盈灵巧、安全性能良好，非常受欢迎，很快畅销世界各地。到 1972 年 2 月 17 日，第 15007034 辆甲壳虫出厂，打破了福特公司 T 型车保持的 1500 万辆的生产纪录。1981 年 5 月 15 日，第 2000 万辆甲壳虫汽车在大众汽车公司墨西哥属地的工厂下线，创造了世界汽车工业史上一个新的奇迹，同时也标志着一个新的世界纪录的诞生。

日本是汽车王国的"小老大"，起步较晚。日本汽车制造业的先驱者是吉田真太郎。1904 年，他成立了东京汽车制造厂，三年后造出第一辆日本汽车"太古里 1 号"。随后日本国内出现了众多汽车制造厂，但规模都不大。

从 1924 年开始，福特先后在横滨、神户投资建厂，装配生产福特 T 型汽车。1926 年，美国通用汽车公司也在大阪成立了日本通用汽车公司，着手生产雪佛兰等品牌汽车的成套部件。为了保护日本汽车制造厂商的利益，日本政府采取了许多保护性政策。1933年，丰田喜一郎在其父创办的丰田自动纺织机制造所设立了汽车部，1937年，汽车部宣告独立，成立了新公司——丰田汽车公司，专门研发生产汽车。20世纪60年代之后日本汽车业突飞猛进地发展。1960年，日本汽车产量仅16万辆，远远低于当时美国及西欧各主要汽车生产国。但到1967年，日本汽车产量则达到300万辆，远远超过欧洲各主要汽车生产国的产量，居世界第二位。

　　亨利·福特在海外拓展市场，并不单纯是为了赚钱。亨利·福特曾说过："如果一门生意除了赚钱之外就没别的了，那么这是糟糕的生意。"他还说："为世界所作的贡献，超过世界给予你的一切，这就叫作成功。"在不发达国家设立分公司或建厂，能够带动当地的经济发展，这是福特乐意看到的。他最大的理想就是为世界"装上轮子"，让世界变得更美好。

晚 年

☆ 飞行梦和博物馆
feixingmenghebowuguan

世人皆知亨利·福特是汽车大王，但很少有人知道亨利·福特对航空也颇有兴趣，还制造过飞机，而且福特公司于 1929 年生产的三引擎飞机，至今仍在蓝天上翱翔。

世界汽车业和航空业差不多是同时起步的，两者的领军人物亨利·福特和莱特兄弟也是同时代人。福特汽车公司于 1903 年 6 月 16 日在底特律宣告成立，并推出了第一辆实用的 A 型敞篷车。半年之后，12 月 17 日，莱特兄弟在北卡罗来纳州的基蒂霍克，驾驶着"飞行者 1 号"实现了人类第一次动力驱动飞行。

在亨利·福特的带动下，美国的汽车工业发展很快。到了 20 世纪 20 年代，底特律已变成了一座汽车城。而航空业与汽车业不同，美国这时还没有一个具有规模的航空中心。亨利·福特意识到航空运输的优势，决定涉足航空业。埃德塞也很赞成，他对航空的关注比父亲还要早。福特父子认为，以底特律的基础设施、制造技术和雄厚的资本，要建一座航空城是完全可能的。

1925 年亨利·福特出资 130 万美元，收购了一家斯托特"金属飞机制造公司"。这个举措显然是埃德塞促成的，因为埃德塞持有这家公司的股份，是公司的董事。公司原来的老板威廉·斯托特是位优秀的飞机设计师，他成功地制造出美国第一架全金属机身的商用飞机，所以他的公司名为"金属飞机制造公司"。这个意义很不寻常，因为当时的飞机都是用木头和帆布制作的单引擎飞机，就像莱特兄弟的"飞行者 1 号"一样。斯托特对民用航空的远景充满了热情和信心，他经常向人们宣传说："我相信将来的某一天，乘坐飞机旅行就像走到街边的便利店买东西一样,既普遍又安全。"

新的飞机公司被命名为"福特汽车公司飞行器分公司",由威廉·梅奥担任总经理,负责建厂和飞机生产;斯托特担任总工程师,负责飞机设计。梅奥曾负责修建福特公司的几个大型工程基建项目,包括红河工业联合体,他和埃德塞关系很好,都是底特律航空协会的会员。

亨利·福特不惜投入大量资金,在迪尔伯恩西部橡树大道修建了一座飞机制造厂,还建了一个占地几百公顷的飞机场。这也是底特律第一个飞机场。在长长的草坪跑道上,用碎石铺出长度约为 36 米的"FORD"字母,在 3000 米的高空都能看得清清楚楚。之后数年间,福特机场一直是世界上最繁忙的机场,无论是民用飞机还是军用飞机,都可以在这里降落。

在斯托特的印象中,福特对航空的热情很高。不过究竟造一架什么样的飞机,他很少直接表态,总是让埃德塞作决定。

"嗯,造什么样的飞机?这是新一代的事,和我关系不大。"福特说,"我已经过时了,去找埃德塞吧!"

埃德塞对飞行很有研究,了解许多航空学知识,据说他 15 岁时就用 T 型车发动机造了一架模型飞机。不过埃德塞很谦逊,他对斯托特说:"你是飞机设计专家,照你认为最好的去做就行!"

1926 年,经过精心设计和实验,福特三引擎飞机被生产出来。这是一种民用运输飞机,机身是全金属制造,配有三台 1260 马力的引擎。飞机绰号为"锡鹅"(Tin Goose)。因为当时引擎的可靠性不佳,为了安全起见,福特选择了三个引擎的方案。福特三引擎飞机的应用范围非常广,可以载人(可载 12 名乘客),也可以载货和运送邮件。如果加上两个漂浮物,还可以变成水上飞机。新成立的福特空中运输公司,就使用这种飞机往返于底特律和芝加哥、克利夫兰之间,运送美国邮政的邮件,成为美国国内第一家由私人运输的航运通道。

福特三引擎飞机

在 1926 年到 1933 年间，飞行器分公司总共生产了 199 架福特三引擎飞机，它们被销售到世界各地的航空公司，售价在 4 万至 6 万美元之间。20 世纪 30 年代，仅环球航空公司就有 25 架福特三引擎飞机在服役。值得一提的是，福特三引擎飞机还参与了人类第一次北极航空探险。

令人惊叹的是，80 多年前生产的福特三引擎飞机，有的至今仍然能飞翔。

有篇"驾驶 1929 年福特三引擎飞机"的博文，介绍了博文作者 2010 年 9 月登上福特三引擎飞机飞行的难忘经历。作者写道："20 世纪 30 年代生产的机械设备还有多少能继续工作呢？包括汽车、轮船、摩托车……我想它们当中大多数已经在博物馆里成为历史的见证了。但由福特公司生产的 81 岁高龄的三引擎飞机至今还在夜以继日、孜孜不倦地飞行着，让飞行爱好者们能够亲身见证这一历史。我有幸在上周末成为这架飞机的副驾驶员，在正驾驶员的帮助下，带领着 9 名乘客在空中遨游了一圈！"

所以有人赞誉说，"福特汽车的历史里，并不仅仅只有汽车"。

可以说,福特三引擎飞机正是亨利·福特飞行梦的体现。亨利·福特对人类的飞行有着美好的憧憬。1927年5月25日,美国著名飞行员查尔斯·林德伯格驾驶单翼飞机"圣路易斯精神号",连续飞行33.5小时,首次完成单人不着陆飞越大西洋,被誉为"孤独之鹰"。这一壮举轰动了全球,也让亨利·福特十分振奋和激动。就在林德伯格在巴黎降落不久,福特对新闻媒体说:"我喜欢大型飞机——那种能装得下100~200名乘客的飞机,能在一年中的任何季节、任何气候条件

福特A型车(1931年款)和福特三引擎飞机(1929年生产)

下飞行的飞机。我想,如果一个人能飞越大西洋,那么搭载100名乘客的客机也能够做到。"

林德伯格是底特律人,12岁时就在父亲的农场里学会了驾驶福特T型车,他很崇拜亨利·福特。1927年8月,林德伯格驾驶着"圣路易斯精神号"到底特律拜访亨利·福特。飞机在福特机场降落时,有7.5万人云集在此,想一睹林德伯格的风采。

林德伯格邀请亨利·福特和埃德塞坐上"圣路易斯精神号",由他驾驶在空中转了几圈。这是亨利·福特第一次乘坐飞机,感觉非常惊险。第二年,在林德伯格的帮助下,福特父子成立了洲际空中运输公司,这是美国真正的现代航运的开始。据《福特帝国》可知:"1925年,乘机飞行的旅客只有6000名。六年后,

亨利·福特（左）和查尔斯·林德伯格

"孤独之鹰"查尔斯·林德伯格

这个数字疯涨到 45 万。成千上万的普通人深信福特的大名就是安全的保障，他们乘坐三引擎飞机完成了自己的第一次航空旅行。"

亨利·福特最大的心愿是，制造一种"人人都买得起的单座私人飞机"，换句话说，就是能够在天上飞行的 T 型车，可惜这个梦想未能实现。

1929 年，福特还做了一件非常有意义的事，就是创建福特博物馆。

福特博物馆位于密歇根州的迪尔伯恩，占地 4.8 万平方米，是美国最大的室内与室外历史博物馆。福特博物馆的主馆复制了美国历史上最具标志性的建筑：中间是独立大厅，两侧分别是国会厅和费城旧市政厅。博物馆里共有 100 多万件陈列品、2600 万份文件，涉及工业革命、交通工具、发电机械、日用工具、美国人生活变迁等多个方面。这里不光有福特汽车，还有很多其他品牌的车辆，而汽车只是整个博物馆里展品中的一小部分。

福特博物馆外观

从飞机、火车、蒸汽机这些大物件，到普通美国人使用的家具、服装和生活用品等，应有尽有。博物馆中的藏品不一定件件都是改变世界的伟大发明，其中也有很多日常生活中很平凡的东西，因为往往是这些生活中的简单创新改变了当时人们的生活。正如博物馆讲解员所说:"发明其实并不容易,也不是每个人都可以做得到的,然而创新却简单得多,可以在现有发明的基础上进行,同样可以改变人们的生活方式。"在众多展品当中,还有相当珍贵并且具有历史意义的珍藏品,例如约翰·肯尼迪总统遇刺时乘坐的总统专车、被誉为"美国民权运动之母"的罗莎·帕克斯拒绝让座的公交车、福特生产的第 1500 万辆 T 型车、世界上最大的蒸汽机车等。

福特在对报界的讲话中,说明了他建立博物馆的目的和理念:"我要把当时用过的工具和房屋永远摆放在这里,它们见证了人类的进步和人类的伟大成就。人们通过坚持不懈的努力才创造了这些发动机、家具、工具和车辆,为了创新和实用,他们不为暂时的失败而气馁,表现出一种孜孜不倦的刻苦精神。这一切都表明了科学研究对人类进步所具有的重要价值。这一切都是真实的历史。"

福特博物馆的汽车馆一角

1929年10月21日，福特博物馆举行隆重的落成典礼。这一天正好是爱迪生发明电灯50周年纪念日。福特选择这个日子，是为了向伟大的发明家和自己的挚友爱迪生表示崇敬之意。许多著名人士参加了落成典礼，除了爱迪生外，还有居里夫人、美国总统胡佛、奥维尔·莱特（莱特兄弟之一，哥哥威尔伯·莱特已在1912年去世）、克莱斯勒汽车公司总裁沃尔特·克莱斯勒、通用电力公司总裁欧文·杨、洛克菲勒家族第二代掌门人小约翰·D·洛克菲勒等。

落成典礼由胡佛总统主持。远在柏林的爱因斯坦，特地通过美国电报和电话公司的越洋电话向爱迪生表示祝贺。胡佛总统称赞了爱迪生的发明后，风趣地说："有了电灯，人类就不需要费神每天擦油灯、刮蜡烛，或者是带着油灯和蜡烛到处跑了。"

82岁的爱迪生激动得一时说不出话来，他略平静了一下，然后感谢到场的来宾。说到亨利·福特，爱迪生感动地说："我此刻的感情无法形容，我只能对大家这样讲：他是我最真诚的朋友。"

有100多家电台实况转播了福特博物馆落成典礼，庆典的盛况通过电波传遍了全世界。作为人类人文历史的一个缩影和展示，福特博物馆的名字不胫而走，成为许多人景仰的地方。

爱迪生（左）和亨利·福特

当胡佛总统、亨利·福特和其他贵宾陪同爱迪生走到门洛园区实验室时，庆典达到高潮。这里是亨利·福特按照当年爱迪生研制电灯的实验室进行布置的。为了纪念爱迪生发明电灯这一具有历史意义的创举,亨利·福特请爱迪生再演示一次50年前发明电灯的实验。实验前,亨利·福特通过无线电实况现场广播,要求全体美国人关掉电灯,于是整个美国又回到了电灯发明之前的黑暗之中。当爱迪生在实验中重复着50年前的动作,连通灯丝、接通电源,灯泡亮起来后,亨利·福特激动地对美国人说:"现在让我们打开电灯吧! 记住刚才的黑暗,记住给人类带来光明的人——托马斯·爱迪生!"亨利·福特激动得与爱迪生紧紧地拥抱在一起。他们两人,一个是发明大王,一个是汽车大王;一个是给世界带来光明的使者,一个是让世界上的汽车得以大批量生产并进入千万家庭的开拓者。

★ 埃德塞英年早逝
aidesaiyingnianzaoshi

1936年,亨利·福特与儿子埃德塞一起在密歇根州创立了美国福特基金会。该基金会发展很快,到1950年已经成为一个国家性和国际性的组织。

对亨利·福特来说,1938年是喜庆的一年。

4月11日,是亨利·福特和克拉拉结婚50周年纪念日。亨利·福特邀请了400多位亲朋好友,在底特律举行了隆重温馨的金婚纪念仪式。据说有70万人从各地寄来贺信,向他俩表示真诚的祝福。纽约的报纸还以"克拉拉和亨利"为标题在头条作了报道:"克拉拉和亨利虽然是一对富有的夫妻,但是他们的生活却非常节俭。克拉拉没染过发,没有用过奢侈品,没有请大批的佣人,亨利也从不赌博。他们的感情一直很好,到现在还经常一起跳舞。他们是世界上精神最富有、最幸福的恩爱夫妻。"

在金婚纪念仪式上,一位牧师颁给福特夫妇一张结婚证书的复印件。福特

亨利·福特和夫人克拉拉展示传统舞蹈

捧过来看后不禁乐了。

他对克拉拉说:"你瞧,我当时太紧张了,竟然把亨利的第一个字母 H 写得这么歪!"

克拉拉打趣道:"好在我没有嫌弃你的字写得差劲。"

说罢,两人开心地大笑起来。

7 月 30 日,亨利·福特迎来了 75 岁生日。底特律市为他举行了盛大的庆祝活动,有 3.5 万人云集在密歇根州广场上,其中包括 8000 名小学生,场面热烈而壮观。福特传记作家史蒂芬·沃兹写道:

亨利和克拉拉乘坐着一辆 1908 年版的 T 型车入场,当他们双双登上舞台时,公司娱乐部的男子乐队奏起了《生日快乐》,众人齐声应和。有位记者报道说:"居然有这么多年轻人天真无邪地向他欢呼,看得出福特很感动,激动得只会弯腰挥手回礼。"随后,一个巨大的蛋糕在 75 名身穿不同颜色裙子的姑娘们簇拥下款款进场,接着,大家发表演说,演出小品,跳起舞蹈,最后是快乐的小丑游行。当天晚上,底特律市长请亨利和克拉拉在共济会大院出席宴会,到场的客人有 1300 人。福特的住处费尔兰恩庄园里,朋友们、同行们以及全世界的崇拜者们送来的鲜花堆成了小山。

1939 年 9 月,第二次世界大战爆发。欧洲陷入了希特勒发动的战争中,世界面临着一场浩劫。福特一向反对战争,他认为军事上的征服并不是真正的胜利,因此拒绝为外国生产武器,但他允许设在英国、加拿大、澳大利亚等地的福特工厂,为英国和法国生产军用卡车。

战火很快蔓延开来。1941年12月,日本偷袭珍珠港,美国对日宣战。为了国家利益,福特汽车公司接受国防部承包的任务,投入轰炸机等大规模的军需生产,合同总额高达52亿美元。福特汽车公司因此成为仅次于通用汽车公司和柯蒂斯－赖特公司的第三大国防合同承包商。

埃德塞·福特

埃德塞作为福特公司总裁,义不容辞地担负起了这个重担。公司耗资2亿美元,在迪尔伯恩以西30余千米的柳树溪畔,修建了一座世界上最大的飞机制造厂,生产四引擎B-24"解放者"重型轰炸机。工厂的主要建筑占地80英亩(约32万平方米),计划年生产量是500~1000架轰炸机,投产后实际产量远远超过这个数字。民用汽车这时已停产,埃德塞的主要精力都花在柳树溪厂的修建和投产上。1942年柳树溪厂建成,开始生产B-24"解放者"轰炸机。被亨利·福特聘为首席顾问的查尔斯·林德伯格,称赞柳树溪厂是"工业界壮观的大峡谷"。B-24"解放者"轰炸机由圣地亚哥联合飞机公司设计,这是架四引擎远程轰炸机,航程5152千米,主要用于欧洲战场,成为对德国进行大规模战略轰炸的主力。在二战中B-24"解放者"轰炸机参与了对汉堡、柏林、法兰克福、鲁尔等重要地区的轰炸战役。最著名的一次战役是B-24机群大规模远程空袭普罗耶什蒂油田,给纳粹的能源供应造成了极大的破坏。

由埃德塞主持的庞大战时计划,在不到三年的时间内福特汽车公司就制

造了 8600 架 B-24"解放者"重型轰炸机、5.7 万台飞机发动机以及 25 万辆以上的坦克、吉普车和其他供战争使用的机器。这样大规模的武器和军事物资的生产，已不是公司行为，而是国家行为。埃德塞为此付出了大量的心血。

由于操劳过度，加上多年来忍辱负重承受的压力，埃德塞的身体健康状况每况愈下。1942 年 1 月，医生诊断埃德塞患了胃癌，切除了他半个胃。埃德塞在给朋友的信里说："我在恢复中，我能够挺过去。"到了 3 月，埃德塞感觉好了一点，就立即返回办公室工作。下面这张照片拍摄于埃德塞逝世前几周，他的虚弱和憔悴已明显可见。

几个星期后，他的病情复发了。尽管身体十分虚弱，但他仍然坚持处理日常事务，并强忍着疼痛到车间视察。"战争可不等人。"他向朋友解释说。他每天靠止痛药片、镇静剂和温软的饮食维持着。

亨利·福特起初对儿子的病并不重视，他总认为埃德塞的不适是因为喜欢喝酒所致。他说："你们瞧，我从不喝酒，所以没事。"福特看不惯埃德塞这代人的生活方式，认为他们现代、时尚，追求享受。正因为这种偏见，他看不

亨利·福特全家福(后排右一为埃德塞、左一为亨利二世)

见儿子身上超群的才能和美德，总是变着法子想把埃德塞磨炼成"强势而冷酷无情的接班人"。克拉拉不满福特的态度，劝他说："为了敬重你这个老古董，埃

德塞这孩子受了多少罪啊！"

当福特意识到儿子的病情严重时，已经后悔莫及。他请来许多一流的医生替埃德塞诊治，但发现胃癌已经转移。

1943年5月26日凌晨，埃德塞去世，年仅49岁。凑巧的是，就在16年前的这一天，他和老福特隆重地将第1500万辆T型车开下装配线。

底特律人，不论是何阶层，都为埃德塞英年早逝感到悲痛。人们赞赏埃德塞的个人品格，他的谦逊、慈善，忠于家庭、公司和国家，以及他十几年来为公司作出的巨大贡献，尤其是在汽车设计、航空业发展和国防合同上的贡献。《底特律新闻报》评价道："埃德塞的经营才能显示在掌控财务、生产和销售上，他比汽车界任何一个人掌控的事都多，即便是他的父亲也不例外。"

人们终于认识到，正是埃德塞成功地管理了逐年扩张的庞大的福特帝国。

5月27日，埃德塞的葬礼在格罗斯波因特农庄教堂举行，数千朵白花围绕在他的遗体旁。底特律的上流人士纷纷前来吊唁。埃德塞的遗孀艾丽诺身穿丧服，神情悲戚，领着几个儿女向来宾颔首致谢。当她看见公公亨利·福特时，眼里流露出一丝哀怨。

老福特向儿子的遗体告别，不禁老泪纵横。

据亨利·福特的理发师乔回忆，几天后的一个晚上，老福特走进理发店，当时店里一个顾客都没有。老福特理完发，拿出钱包，里面有几张埃德塞和孩子们的照片，他付了钱说："乔，看看这个。这是埃德塞小时候，我以他为荣。这些是我的孙子和孙女——亨利、本森、比利和约瑟芬。我的儿子什么都有，但

亨利·福特夫妇参加儿子葬礼后离开教堂

他却拼命工作,现在他离开了我。"他眼含热泪,完全是个孤独的老人。

☆ 亨利·福特二世
henglifuteershi

埃德塞去世后,福特汽车公司出现了权力真空。美国总统罗斯福担心这可能导致战时生产的混乱,于是找来战时生产管理局局长威廉·努森商讨对策。

努森当年曾是福特麾下的得力干将,后被福特扫地出门,他对此一直耿耿于怀,于是建议罗斯福总统根据战时紧急状态的有关法案,可以由政府出面接管福特公司。罗斯福总统和埃德塞是多年的朋友,觉得这样处理有些草率。

"最好能在福特家族中物色一个接班人。"罗斯福说。

"亨利·福特是个专制狂,"努森说,"他不会轻易放权的。"

"埃德塞的大儿子小亨利·福特多大了?"罗斯福问。

"大约二十五六岁,曾经在福特公司上过班。"

"这不挺好嘛!"罗斯福的意思明显是小亨利·福特正合适接班。

"但听说老亨利·福特看小亨利·福特不顺眼,后来把他赶走了。"努森补充说。

"有这事?"罗斯福半信半疑,"小亨利·福特人在哪里?"

"听说在海军预备队服役,是个海军少尉。"

"喔。"罗斯福点点头,眼里流露出亲切的神情,"他小的时候我见过,是个调皮的小胖墩。"

小亨利·福特是埃德塞和艾丽诺的长子,名字和祖父一样,又称亨利·福特二世。他生于1917年,从小活泼好动,很得宠。埃德塞给他取名亨利·福特,表明对儿子寄予了厚望,希望他将来能像祖父一样成大器。小亨利·福特在全家人的期待中长大。他身材魁梧,微胖,在耶鲁大学读书时成绩一般,他有两个绰号:一个是"T",意指 T 型车;另一个是"肥仔"。

1938 年夏天,小亨利·福特从耶鲁大学毕业,成为福特公司的董事。当时他 21 岁,拥有 25000 股公司股权。在父亲埃德塞的安排下,小亨利·福特和弟弟本森在红河工业联合体工厂的各个部门里实习,从学徒工开始干起。小亨利·福特热情爽快,待人真诚,富有亲和力,不论是高层管理人员还是工人都很喜欢他。

在珍珠港事件发生的前几个月,小亨利·福特应征去海军预备队服役,开始了军旅生涯。军队的忠诚信念、献身精神和铁的纪律,对他的人生历练大有裨益,他逐渐变得沉稳和成熟。罗斯福总统和努森谈话时,这位未来的接班人正在芝加哥附近的大湖区海军训练基地服役。

至于他为什么会离开福特公司,也许并不像努森说的那样,是因为亨利·福特看他不顺眼。但老福特从来没有考虑过让他做接班人,这一点倒是不假。

1943 年 6 月 1 日,就在埃德塞葬礼后的第四天,亨利·福特宣布自己再次出任福特汽车公司总裁,同时他在董事会上任命自己的心腹哈里·贝内特为公司的行政总监,并担任董事。埃德塞的遗孀艾丽诺和子女们对这种安排非

海军少尉亨利·福特二世

常不满,但又无可奈何。

几乎所有人都看得出来,无论是精力还是体力,年近 80 岁的老福特已经不能胜任这项工作了——他的记忆力衰退,时常神情恍惚,说话自相矛盾。董事会完全成了摆设。开会时,老福特带着贝内特来转一圈,和每个人握握手,说几句无关痛痒的话,然后扬长而去。公司的管理陷入一片混乱。贝内特是个专权的小人,借机以"这是亨利·福特总裁之意"的名义,在公司里拉帮结派,排除异己。埃德塞原先的得力手下,一个个被赶走。有学者评论说,福特公司由此开始了一段"疯癫领袖"时期。整个公司危机四伏,面临着分崩离析的危险。

公司的状况,引起福特家族的强烈担忧。艾丽诺和公公吵过几次,要求把亨利·福特二世召回公司接班。克拉拉也暗中支持儿媳妇,多次对丈夫说孙子的好处,但老福特仍然无动于衷。

到了 7 月,事态出现了微妙的转机。7 月 26 日,正在海军训练基地服役的亨利·福特二世,突然接到美国海军部部长诺克斯将军的一封亲笔信,命令他立即复员回迪尔伯恩。信中写道:"你作为公民应履行的义务高于你现在所做的一切。"有人说,这是艾丽诺和小亨利·福特的姨父坎茨勒(他在战时生产管理局任职)游说海军部的结果,也有人说是罗斯福总统的意见发挥了作用。也许二者兼而有之。

于是,25 岁的亨利·福特二世回到福特公司工作。他搬进了父亲原来的办公室,在公司里到处转悠,和员工们聊天,了解工厂的运行状况。老练的小亨利·福特韬光养晦,行事低调,尽量与贝内特搞好关系。

亨利·福特二世清醒地认识到,要挽救福特公司,就得进行一番彻底的改革。第一步就是延揽人才。虽然小亨利·福特没有头衔,也没有负责具体工作,但许多人预感到他将是公司未来的领袖。没有多久,在小亨利·福特身边就聚集了一帮精明强干的顾问人士,包括埃德塞的老朋友、销售经理戴维斯;柳树溪厂的生产经理布瑞克,他一直拒绝接受贝内特的摆布;还有福特公司公关部主任布加斯,他是联邦调查局底特律站前站长,擅长刑侦调查,精通法律,掌握了不少贝内特胡作非为的证据。这几个人经常帮亨利·福特二世出谋划策,酝酿着如何赶走贝内特,对公司实行改革。

1943 年 12 月,亨利·福特二世成为公司副总裁。随着对公司运行情况了解的深入,他惊讶地

亨利·福特二世和工人亲切交谈

发现公司的管理存在着许多漏洞:诸如自 1931 年以来,公司就没有公布过利润;三引擎飞机已停产多年,但公司里还存在一个生产飞机发动机的部门;财会部门没有材料计划,没有成本控制,没有工程规划,完全是一笔糊涂账;若干部门的骨干不是被赶走,就是跳槽到其他公司,留下的人也不敢说话。

亨利·福特二世强烈地感到,公司再不实行改革,必垮无疑。

1945 年春天,福特公司终于爆发了一场家族权力大战。事情的缘由是亨利·福特二世意外得知,老福特立下的遗嘱有一份附录,这是贝内特在埃德塞逝世后秘密起草的。附录的条款写明:在老福特去世后,福特公司将由一个 10 人组成的托管委员会经营,委员会由贝内特担任主席,其成员大多是贝内特的亲信,福特家族的人一个也没有。这份秘密文件激起了福特全家人的愤怒。亨利·福特二世威胁说要离开公司,并说要劝说全国各地的经销商都退出。

足智多谋的布加斯劝说亨利·福特二世冷静下来,由他出面找贝内特解决

福特

此事。布加斯探查出这份附录是在老福特不在场的时候签署的,这在法律上是无效的。于是,布加斯找到贝内特,向他摊牌。贝内特理屈词穷,掏出附录付之一炬,然后把纸灰装进信封,诡异地笑道:"把这个交给小亨利吧。"

贝内特之所以这样猖狂,是因为他早已盘算好了,要在最佳的时机接手公司。在这千钧一发之时,克拉拉和艾丽诺婆媳两人联手,向老福特发出了最后通牒,要他把总裁之位让给孙子亨利·福特二世,由亨利·福特二世全权管理公司。老福特犹豫不决,艾丽诺忍无可忍,扬言要卖掉手中的全部福特股票。埃德塞去世后,他的股份由艾丽诺和亨利·福特二世、本森等子女继承。如果这些股票全部抛售,对福特公司将是致命的打击。老福特终于同意作出让步。

1945 年 9 月 20 日,老福特把亨利·福特二世叫到费尔兰恩庄园,克拉拉也在场。老福特对孙子说:"我已决定下台,由你接替我当总裁。"

"我不想当挂名总裁,像我父亲那样。"亨利·福特二世出人意料地回答说,"除非我能够全权决定对公司实行改革。"

"总裁就是总裁。"老福特有些愠怒,"谁让你挂名啦!"

"这话可是您说的。"亨利·福特二世倔强地说。

亨利·福特和儿子埃德塞(右)、孙子亨利·福特二世(左)

克拉拉圆场道:"你爷爷说的是真的,他老了,身体又不好,该是换人的时候了。"于是,祖孙俩达成了默契。身旁的秘书起草了一份辞职书,老福特在上面签了字。

第二天，公司召集董事会会议，在会上宣读了福特的辞职书，亨利·福特二世被选为总裁。场面颇具戏剧性。失去靠山的贝内特气得跳起来，对亨利·福特二世大吼了一声"恭喜"，就扬长而去。

亨利·福特二世就任总裁后，第一件事就是解雇贝内特。贝内特气急败坏而又无可奈何，他对新任总裁愤愤地说："你接管的是一个价值10亿美元的公司，而你却没有为公司赚过一分钱。"

次日，这个小人离开福特公司，去了加利福尼亚。

亨利·福特二世去费尔兰恩庄园看望老福特，向他报告贝内特已被解雇。他原本担心祖父会发火，结果老福特表情很平静，只说了句："哦，哈里回到了他原来的地方。"

从这一天起，福特公司在亨利·福特二世的率领下进入了一个崭新的时代。

据相关资料介绍，如今的福特汽车公司仍然是世界上最大的汽车企业之一，也是世界第二大汽车生产厂家。2000年《财富》杂志按销售额评出的世界500家最大企业名单中，福特公司排名第四。福特公司仍然坚守着亨利·福特开创时的企业理念："消费者是我们工作的中心所在。我们在工作中必须时刻想着我们的消费者，提供比竞争对手更好的产品和服务。"正因为这样，2003年，福特汽车的32.8万名雇员在世界各地200多个国家的福特汽车制造和销售企业中，共同创造了1642亿美元的营业总收入。

福特汽车公司旗下拥有的汽车品牌有福特、林肯、水星、马自达等。此外，还拥有世界最大的汽车信贷企业——福特信贷、全球最大的汽车租赁公司以及汽车服务等品牌。由于福特汽车公司多年的苦心经营，这些品牌本身都是无形的资产，具有巨大的价值。

☆ 伟人谢世
weirenxieshi

1946 年，美国《汽车金色 50 年》因为福特对汽车工业的贡献，授予他荣誉奖。《纽约时报》评论说："福特不仅是福特汽车公司的创始人，同时也带动了整个汽车行业的发展。"

亨利·福特在放弃公司的所有事务之后，与克拉拉平静地生活在位于迪尔伯恩的费尔兰恩庄园里。亨利·福特有时会到周边农舍或红河工业联合体厂区转一转，他弯着腰，步履蹒跚，见到熟人就打个招呼。

身体状况允许时，亨利·福特偶尔也和克拉拉一起外出旅游。

老人预感到自己即将走到人生的终点，他以哲人的超然审视着过去的时光，但对大自然和小生灵，却始终保持着关注和珍惜之情。

有一天，亨利·福特在巡视福特农场时，告诉管家说："麦子可以收割了，最好下周就干完。"

"好的。"管家说。

两天后的早上，装满农具的拖车开往麦田，然而就在收割要开始时，福特的汽车开了过来。

"再等几天吧。"亨利·福特告诉管家。

"麦子刚好成熟了，我们正准备开始收割呢。"管家解释道。

"我知道，"亨利·福特回答说，"但我昨天在这儿散步时，发现有许多草地鹨（一种吃虫的益鸟），幼鸟还在窝里。等它们能飞的时候再说吧，别伤害了它们。"

1947年春天来了。这是一个多事之春，气候恶劣，冷暖无常。

4月7日，一场突如其来的暴雨冲垮了红河的堤岸，费尔兰恩庄园的供电设备因为水淹而出故障了。整个庄园漆黑一片，只能靠煤气灯和蜡烛微弱的光线照明。亨利·福特每晚喜欢收听的电台节目，也收听不到了。家里的佣人告诉福特夫妇，电话线中断了，与外界联系不上，修复供电设备只有等明天了。克拉拉说："好吧。"亨利·福特没有任何表态。

当晚9时许，福特夫妇上床就寝。临睡前，亨利·福特还喝了一杯牛奶。

几个小时后，女仆罗莎被克拉拉匆匆摇醒。"福特先生快不行了，快叫司机接医生来。"克拉拉焦急地说。

当罗莎通知司机后赶到卧室时，只见在微弱的烛光中，亨利·福特脸色苍白，呼吸急促，瘫倒在克拉拉的肩膀上，看上去就像一个疲倦的孩子。他努力想双手合十，好像要祈祷。克拉拉不断地轻声呼唤着他的名字。

亨利·福特和夫人克拉拉

亨利·福特患的是突发性脑溢血。在医生赶到之前，当晚11点40分，这位给世界"装上轮子"的伟大人物永远合上了双眼，享年83岁。

亨利·福特逝世的消息传开，震惊了世界。各国政要发来唁电，向克拉拉表示哀悼之情，并赞扬亨利为人类作出的巨大贡献。

《纽约时报》撰文称："当他来到人世时，这个世界还是马的时代。当他离开人世时，这个世界已经成了汽车的世界。"

《底特律新闻报》颂扬道："在亨利·福特的时代，没有人像他那样如此大规模地改变了人们的生活。他留下的纪念就是如今美国的面貌，没有任何一个时代经历了如此的巨变，也不再有人像他一样影响了这么多人的生活。"

亨利·福特的遗体安葬在迪尔伯恩的家族墓地。

举行葬礼的那天，有 3 万民众前来吊唁。底特律所有政府部门全部关闭，市政厅挂着黑色的布帘，上面是 3 层楼高的亨利·福特肖像。

葬礼开始，全城所有教堂的钟声齐鸣，持续了整整一分钟。路上开车的人、行人和工厂的工人们全部停下正在做的事，以示敬意。与此同时，美国所有的汽车生产线停工一分钟，以纪念这位"汽车界的哥白尼"。

亨利·福特，人们会永远记住这个不朽的名字！

亨利·福特与夫人克拉拉之墓

附：

福特生平简历

1863 年 7 月 30 日，亨利·福特出生在美国密歇根州底特律市的迪尔伯恩，父亲是个爱尔兰移民。

1871 年 3 月，7 岁半的亨利·福特进入迪尔伯恩的乡村学校上学。

1875 年 12 岁，一次亨利·福利驾马车前往镇上，路上遇到不用马拉的蒸汽机车，这令他大开眼界。

1876 年 3 月，母亲玛丽因难产去世。

德国人奥托发明了四冲程内燃机。

1879 年 16 岁，亨利·福特离开家乡，独自前往底特律去闯荡。

1880 年 先后在弗劳尔兄弟机械厂、德里克造船厂当学徒。

1882 年 在底特律闯荡了两年多后，亨利·福特回到家乡迪尔伯恩。

1883 年 成为威斯汀豪斯公司的雇员，到各个农场安装、调试机器。

1885 年 与格林菲尔德一个农场主的女儿克拉拉·简·布莱恩特相识。

1886 年 23 岁生日时，父亲送给他 40 英亩土地作为生日礼物，希望他专心务农。

德国人卡尔·本茨获得了三轮汽车专利权。

德国人戴姆勒发明了世界上第一辆四轮汽车。

1888 年 25 岁，与克拉拉·简·布莱恩特结婚。

1891 年 9 月，亨利·福特迁居底特律，在爱迪生照明公司底特律分公司任职。

1893 年　11 月 6 日,独生子埃德塞·福特出生。

福特的第一台四冲程汽油内燃机试制成功。

年底,被任命为爱迪生照明公司的总工程师。

1896 年　5 月,亨利·福特试制成功第一辆汽车,命名为"四轮车"。

8 月,亨利·福特到纽约参加行业大会,见到了大发明家爱迪生,并得到爱迪生的鼓励。

1897 年　年底,福特研制的第二辆汽车亮相,引起了人们的关注。

1899 年　底特律汽车公司成立,福特任技术总监和总工程师,同时辞去底特律爱迪生照明公司的职务。

1900 年　11 月,福特辞职,底特律汽车公司也解散了。

1901 年　试制出第一辆赛车,取名"骷髅车"。该车在比赛中一举获胜。

1902 年　福特造出 999 号和"飞箭号"赛车。999 号赛车在大赛中一举夺冠。

1903 年　6 月 16 日,与梅肯森合伙成立福特汽车公司,柏肯森任董事长,福特任副董事长,兼设计师和总经理等职。

A 型敞篷车上市,销路很好。

1906 年　7 月,因在经营方针上与梅肯森发生了严重分歧,亨利·福特买下梅肯森的全部股份,掌握了福特汽车公司的控股权。

1908 年　10 月,福特汽车公司推出廉价的大众汽车 T 型车,世界汽车工业革命由此开始。

在法国巴黎建立了第一个海外销售机构。

1913 年　在高地园福特汽车厂设立了世界上第一条汽车生产流水线。

1914 年　福特汽车公司开始实行日薪 5 美元工作制。

1915 年　在第一次世界大战期间,福特发表演说,号召大家慷慨解囊,建立反战基金。

成立了专门开发生产农用拖拉机的"福特父子公司"。

美国总统威尔逊接见福特,盛赞福特汽车公司。

1916 年　福特汽车公司的营业额达到 2 亿美元,利润实现了 6000 万美元。

埃德塞与艾丽诺结婚。

1917 年　福特家族的第三代小亨利·福特,即亨利二世出生。

1918 年　开始建设庞大的汽车制造联合企业——红河工业联合体。

1919 年　埃德塞接替亨利·福特担任公司总裁。亨利·福特买下了公司其
他股东的股份,独占了该公司。一个以福特为中心的汽车王国
正式成立了。亨利·福特被称为"汽车大王"。

1920 年　红河工业联合体首期工程完成。全球经济危机爆发。

1921 年　美国总统哈定接见福特,盛赞福特"为美国创造了一家最了不
起的公司"。

1922 年　福特汽车公司收购了林肯品牌。

1923 年　红河工业联合体全面投产。

1924 年　福特汽车公司先后在横滨、神户投资建厂,装配生产福特 T 型
汽车。

1925 年　福特收购了一家飞机公司,成立了福特汽车公司飞行器分公司。

1927 年　公司停止生产 T 型车,这种廉价的大众汽车一共生产了 1500
万辆,创造了汽车工业史上的奇迹。

同年,开始在红河工业联合体生产 A 型车。

1928 年　在林德伯格的帮助下,福特父子成立了洲际空中运输公司,这
是美国真正的现代航运的开始。

1929 年　美国总统胡佛参加了福特博物馆的落成典礼。

1932 年　福特汽车公司成功铸造出整体 V8 发动机缸体。

1935 年	开创了水星品牌，填补了福特产品和高档林肯产品间的市场空缺。
1936 年	亨利·福特与儿子埃德塞一起在密歇根州创立了美国福特基金会。该基金会发展很快，到 1950 年已经成为一个国家性和国际性的组织。
1938 年	亨利·福特的孙子亨利·福特二世和弟弟本森进入福特汽车公司，开始在红河工厂实习。
1943 年	埃德塞去世，年仅 49 岁。 亨利·福特重新担任福特汽车公司总裁。
1945 年	福特辞去总裁职务，由亨利·福特二世继任。
1946 年	因为福特对汽车工业的贡献而被《汽车金色 50 年》授予荣誉奖。《纽约时报》评论说："福特不仅是福特汽车公司的创始人，同时也带动了整个汽车行业的发展。"
1947 年	4 月 7 日，亨利·福特去世，享年 83 岁。葬礼的那天，美国所有的汽车生产线停工一分钟，以纪念这位"汽车界的哥白尼"。
1999 年	《财富》杂志将福特评为"20 世纪最伟大的企业家"，以表彰他和福特汽车公司对人类发展所作出的贡献。
2005 年	《福布斯》杂志公布了有史以来最有影响力的 20 位企业家，亨利·福特名列榜首。